楽しくなくちゃ授業じゃない

中高社会科のおもしろ教材

武藤　章・森田敏彦
菅澤康雄・井出教子　編著

同時代社

まえがき

　2022年のNHK中高生意識調査。「学校は楽しいですか」の質問に中学生の90％以上が楽しいと答えている。「学校で何が一番楽しいですか」の問いには「友達と話したり一緒に何かすること」が71％で１位、次は「部活動」の20％。「授業」と答えたのはたった５％で３位である。仕事量が増え、ブラック化が問題になる学校現場だが、教師の本業は何と言っても授業のはずだ。それがこの体たらくである。先日、このことを実感する場面に出会った。中学１年生の授業でこんなことを言う生徒がいたのだ。「武藤先生以外の授業は全部地獄なんです」過激な表現ではある。しかし、私はこれを一生徒の個人的見解と捉えることはできない。勤務校で廊下を歩くとどの教室もシーンとしていて、教師の声だけが響いてくる。教師は講義をし、生徒は静かに聞く。そうでなければ、ワークシートと称するプリントを配り、その穴埋めをさせて事足りると考えている教師たち。今、日本の多くの学校で見られるフツーの光景である。そして残念なことに教師たちはそれで満足しているのだ。

　私たちはそんな授業に抗うべく、本書「楽しくなくちゃ授業じゃない」の企画を立ち上げた。本書の中で、ある教師は生徒の前に１億円の札束を積み、さらには１万円札を目の前で破ってみせる。ある教師は警察官の職務質問を無視したことを得々と語り、生徒相手に訴訟まで起こす。またある教師は水俣産のちりめんを平然と生徒に食べさせる。いずれも驚きの教材やネタである。授業のためには手段を選ばない教師たちが集まってこの本を編んだ。内容的には中学・高校の公民分野をその範囲とし、とりわけ実物教材の紹介には多くのページを割いた。また１時間の授業展開を提示するという形はとらなかった。これらの実践をヒントにして、自分の授業を作ってほしいと思ったからである。

近年、アクティブラーニングやら探究学習などの導入で授業は楽しくなっているのではないかと見る方もいるだろう。しかし、グループ学習したり、主体的に学んだところで授業は楽しくなりはしない、ということを第5章で示した。

　ひょっとして、本書を読まれた方の中に、こんな実践、マネできないし、マネしたくもないと思われる方もいるかもしれない。フツーの授業で何が悪いと思われる方もいるだろう。

　それでも私は本書の中で気に入った授業を1つ、2つ試しに実践してみてほしいと思うのである。

　なぜなら、その授業をやった時、その後の世界が変わるからである。

　まず、授業中の生徒の表情が変わる。

　伏せていた顔が上を向く。

　黙っていた生徒が発言するようになる。

　廊下で出会う生徒が笑顔を向けてくれる。

　目くばせしあう生徒がこちらを見て笑い転げる。

　今まで見たことのない風景がそこに現れるはずだ。それは授業が生徒を変えたのであり、それによって教師の以前の世界も変わるということである。「楽しい授業」は生徒にとって楽しいだけでなく、教師にとっても楽しいのだ。

　私はつねづね「授業が楽しいから学校が楽しい。学校が楽しいから学校に行く」を理想としてきた。「楽しい授業」は不登校の生徒を救い、さらには教師のなり手不足も救うのだと信じている。

　「楽しい授業」が生徒と教師を変える。生徒と教師が変われば、学校が、世界が変わるのだ。

　さあ、本書を手に取ってくださった皆さん、声をそろえて一緒に叫ぼう。

　楽しくなくちゃ授業じゃない！

2024年11月9日　武藤　章

目次

まえがき……………………………………………武藤　章　　3

第1章　授業にこんなものを使ってみる

投票用紙を手に入れる………………………………武藤　章　　10

婚姻届を教材にする…………………………………菅澤康雄　　14

婚姻届がたいへんなことになっていた……………森田敏彦　　18

教室だから、新聞……………………………………日達　綾　　20

映画「三丁目の夕日」と高度経済成長……………菅澤康雄　　26

授業の合間に鑑賞する動画教材……………………武田真人　　29

官製の教材を利用してみる…………………………篠原朋子　　33

国民の本音と建て前
──「寄せ書き日の丸」と「露営の歌」の替え歌から………菅澤康雄　　37

大日本帝国時代の参考書……………………………井出教子　　40

インフレで億万長者！　でも何も買えない現実……瀬戸口信一　　45

株券を手に入れる……………………………………武藤　章　　51

コラム・隠し剣シリーズ　その1　勝負剣　まひしろ　　　武藤　章　　54

第2章　あえて授業の型からはみ出る

1万円札を破りなさい………………………………関口竜一　　58

超能力を実演する……………………………………武藤　章　　61

民事訴訟の起こし方…………………………………武藤　章　　66

「無」から生まれるお金の謎	瀬戸口信一	70
CMが語る日本経済史	武藤　章	76
「生理用品」から社会を考える	別木萌果	79
痴漢冤罪事件を追体験する	扶川　聡	85
水俣湾の「ちりめん」を食べる	扶川　聡	91
授業づくり　あれこれ	日達　綾	96

コラム・隠し剣シリーズ　その2　**教育剣　ツバメの糞**　武藤　章　102

第3章　身近にある「なぜ」を追う

父親は誰だ？──父親の推定とLGBT	菅澤康雄	106
なぜ、まちえは孝二の手を握ったのか	武藤　章	111
ドナーカードを持つ理由	扶川　聡	114
身近にあるくぼみに注目する	武藤　章	120
CO2はどこから排出されるのか	武田真人	123
「求人誌」で学ぶ労働条件	扶川　聡	126
ポッキーの売り上げはなぜ伸びた	井出教子	132
バナナの輸出から南と北の自立を考える	大井はるえ	137
甘いチョコレートの甘くない現実	大井はるえ	144

コラム・隠し剣シリーズ　その3　**誤解剣　のりの家**　武藤　章　150

第4章　体感が人権を確かなものにする

判決文を書いてみよう──「君が代」伴奏拒否事件	井出教子	154
生徒が考えた「日本国憲法前文」	武藤　章	160
ゲーム感覚で楽しく学ぶ「憲法カルタ」	杉浦真理	164
子どもの権利保障から人権を深める	大井はるえ	168

目次

「君が代」はしっかり教える……………………………森田敏彦　173

中学生に「君が代」の意味を聞いてみた……………武藤　章　177

警察官の職務質問を無視してみた……………………武藤　章　180

逮捕されたらどうなるの？
　——江戸時代の刑罰から"人権"を考える……………井出教子　185

コラム・隠し剣シリーズ その4　平和剣　君の名は　　　武藤　章　189

第5章　苦手なことは無理しない

あてて答えさせることはしない…………………………森田敏彦　192

グループ学習はしない……………………………………森田敏彦　197

主体的な学習はしない……………………………………森田敏彦　201

発表学習はしない…………………………………………森田敏彦　205

プリント学習はしない……………………………………森田敏彦　209

とりあえず、クイズにしてみる…………………………森田敏彦　214

コラム・隠し剣シリーズ その5　法則剣　ゴキブリ　　　武藤　章　219

あとがき……………………………………………………井出教子　221

第1章

授業にこんなものを
使ってみる

投票用紙を手に入れる

武藤　章

投票用紙が欲しい

　参政権や選挙権の授業をするときに実物教材として欲しいのは何と言っても投票用紙である。しかし、これがなかなか手に入らないのだ。あたりまえである。簡単に手に入ったら、選挙違反やり放題である。教科書に載っている写真でさえ、斜線が入っていたりするのはよくご存じであろう。

　まずは直截的な方法に訴えてみる。

　選挙の時に投票所へ行って投票しないで持って帰るのだ。1回、棄権することになってしまうが、1回だけだと自分に言い聞かせる。

　投票せずに立ち去ろうとするとすかさず呼び止められた。理由を話して持ち帰りたいと要望する。拒否される。こういう時、相手が公務員の場合の対抗手段。「根拠となる法令を示してください」そう、全ての公務員は法律に従って仕事をしているのだ。というわけで、係の人は電話をかけて、どこかに問い合わせを始めた。30分ぐらい待たされる。向こうも関係法令は何か探すのは大変だろう。戻ってきて改めて持ち帰りを止められた。もともとできないだろうと思っていたので、いさぎよく投票して帰る。でも、こういう経験は生徒に話すネタになるので、損はない。社会科教師にとっては「転んでもしめた」、いや、手に入る可能性もあるから「どっちに転んでもしめた」である。

　後で調べたのだが、根拠法令は公職選挙法施行令第37条、および42条。

10

興味ある方は検索してみてほしい。

　ちなみに投票用紙を1枚持って帰ることができると、大規模な選挙違反を実施できる。その投票用紙に立候補者の名前を書き入れ、買収した選挙人に手渡す。買収された選挙人はその投票用紙を投票箱に入れ、新しい投票用紙を持って帰る。それに再び立候補者の名前を入れ、買収した選挙人・その2に渡す。これを無限に繰り返す。これは実際に摘発された例である。

　というわけで、投票用紙持ち去り作戦は失敗。しかし、あることをきっかけに「投票用紙」が手に入った。

テラック市議会選挙？

　勤務校の生徒会役員選挙が迫ってきたので、区の選挙管理委員会に投票箱と記載台を借りに行った時のことである。部屋に通された時に机の上にあったウグイス色の投票用紙の束が目に入った。なぜこんなところに無造作に、と思い、よく見てみると、「テラック市議会議員選挙投票」と印刷されている。これはいったい何？　選管の人に聞いたら、選管でも模擬投票ならぬ「模擬開票」を行うので、それ用の模擬投票用紙だというのだ。その時にその模擬投票用紙を何枚かもらって帰り、私の実物教材とした。

　しかし、できれば生徒人数分欲しいところである。そうだ、この投票用紙を作っているところに問い合わせればいいのである。「株式会社ムサシ」。聞いてみると、最低1000枚で3万2400円＋消費税ということだった。表面の印刷はいかようにも可能。「○○高校生徒会役員選挙」とか入れれば実際にも使える。

　ちなみにこの教材の見せ方だけど、私は「これから手品をします」といって、投票用紙を1回、2回と折りたたんでいく。手のひらの中に入れた後、手をぱっと開く。あーら、不思議、と「開く投票用紙」の威力

株式会社ムサシの「テラック市投票用紙」

を見せる。そうしてから「何に使いたくなるかな」と問いかけて、授業が始まる。

明推君からAKB48

多くの学校でいわゆる「模擬投票」が行われているかと思う。本物に近づけるために投票箱や記載台を借り出す学校も多いだろう。選挙管理委員会に行くと、それ以外にもいろいろなグッズがあることがわかる。明るい選挙推進委員会のキャラクターである「選挙のめいすい（明推）くん」は着ぐるみで宣伝しているし、人形にもなっている。このキャラクター、何がモチーフになっているかおわかりだろうか。頭頂部にある

第1章　授業にこんなものを使ってみる

「選挙のめいすい（明推）くん」

　二本の線に注目してほしい。一見、トラの模様のようにも見えるが、投票箱の用紙を入れる口である。そう、「明推くん」は投票箱の化身なのだった。この人形を借り出して教室に行き、「このキャラクターは何でしょう？」から選挙の授業が始まる。

　模擬投票でも選挙管理委員会はいろいろ役に立つ。ある年の都知事選の時には、AKB48の立て看板まで貸してくれた。とにかくどん欲に使えそうな実物教材を探すのだ。

13

婚姻届を教材にする

菅澤康雄

憲法の精神を婚姻届で確認

　戦前に結婚した私の祖母（1912年生）は、祖父と数日前に顔を合わせ、親の言うとおりに結婚した。今では信じられない光景だが、戦前は当たり前だった。戦後の婚姻は「両性の合意のみに基づいて成立」すると憲法24条にあり、14条には「すべて国民は、法の下に平等」とも書かれている。

　祖母の話と24条、14条をつなげて何か授業はできないか？　思いついたのが、婚姻届を使って選択的夫婦別姓制度を考える授業だ。婚姻届の授業は松戸の中学校教師であった安井実践が知られている。安井は個人が「家」や「国」の犠牲となり、男尊女卑が当然とされていた社会から、婚姻は両性の合意に基づき、憲法の精神を支える精神・思想へと導く素材になると言う。

イラストで描かれるイマドキの婚姻届

　婚姻届は役所で入手できる。役所で「婚姻届をできれば40枚欲しい」と言ったら、怪訝な顔をされた。社会科の授業で使うので、と言ったら「好きなだけどうぞ」という返事が返ってきた。最初に目的を言うべきだった。

　婚姻届はどこの地方自治体も、色の付いたイラストで描かれ、実にカラフルだ。1つの自治体で何種類も作成している。気に入った婚姻届を

第1章　授業にこんなものを使ってみる

入手した千葉県鎌ケ谷市の婚姻届

受け取れるようだ。雑誌や Web でも婚姻届が手に入る。届出先を自治体の長宛に代えれば市販の婚姻届でも自作の婚姻届でも使うことができる。

名字を同じにできない時、どうする？

生徒に記入させるのは、「夫になる人」「妻になる人」「婚姻後の夫婦の氏」だけにしたい。男子生徒ならば「妻になる人」、女子生徒ならば「夫になる人」は、架空の人物を記入してもよいし、未記入でもよい。しかし、「婚姻後の夫婦の氏」は全員に書かせる。

生徒たちに婚姻後の氏を、「夫の氏」にしたか「妻の氏」したか、挙手させて理由を発表させる。私の授業では90％以上が「夫の氏」になった。「みんな、夫の氏にしている」、「妻の氏にするのは、特別な場合だけ」、「結婚したという気持ちになる」が理由として多い。何も考えずに、当然のこととして夫の氏を選択する生徒もいる。

次に、話し合っても婚姻後の氏が一致できなかったらどうする？　と尋ねる。多くの男子は「妻の氏」にしてもよいと答えるが、本心かどうか、かなり怪しい。「一致できない場合には結婚しない」という生徒はいなかった。結婚のためにどちらかが折れるようだ。話し合っても一致できない時、どうする？　よい方法はないの？　と問いかけてみる。「届けを出さないまま一緒に暮らす」が出された。

婚姻届の名字で裁判？!

ここで夫婦別姓制度を求めて裁判を起こした事例を紹介。別姓を求めた理由は「自分の名字に愛着がある」、「改姓すると仕事に支障をきたす」、「同姓制度は憲法24条と14条に違反する」などだ。一方、同性姓を支持の意見も紹介する。「家族のきずなが深まる」、「日本の伝統で根付いている」、「子どもの姓をどうするの？」などだ。

第1章　授業にこんなものを使ってみる

　この裁判で最高裁判所の5人の裁判官は、どんな判決を出したと思う？　と、生徒に聞いて、理由を発表させたい。

　最高裁は、「働く女性が増え、選択的夫婦別姓制度の導入に賛成する人の割合が増加するなど、社会の変化や国民の意識の変化を踏まえても、同姓制度が社会に定着し、結婚前の姓を使用できる通称使用もあることから、夫婦同姓制度は憲法に違反しない」（2022年3月22日）と判断した。この判断に賛成？　反対？　感想を書いてみてと指示し、提出させてもよいだろう。

　最高裁判所は、同姓制度は憲法に違反していないと述べ、選択的別姓制度には言及しなかった。この制度を導入するのは国会だからである。1996年の法制審議会の答申、2016年の国連女性差別撤廃委員会の民法改正勧告などには、選択制導入が望ましいと書いてある。

婚姻届は教材がマンサイだ

　この授業は異性同士の法律婚を前提に授業を行なっている。大切な事は、非婚や事実婚を選択する人、同性婚を実践する人が教室に存在するかも知れないと想像することだ。この想像からさまざまな配慮が必要になってくる。

　婚姻届に「夫になる人」や「妻になる人」の記入欄は必要なのだろうか。「夫になる人」は男性で、「妻になる人」は女性と決めつけていないだろうか。LGBTQの人たちはどうするんだろう？　さらに「本籍」は必要？　「初婚・再婚」は大きなお世話！　「夫婦の職業」や「証人」を聞いてどうするの？　たった一枚の婚姻届だが、疑問は尽きないし、この疑問から授業が発展させられる。婚姻届は教材がマンサイだ。

参考文献
　安井俊夫『主権者を育てる公民の授業』あゆみ出版　1980年

婚姻届がたいへんなことに
なっていた

森田敏彦

　婚姻届の実物を手に入れるために、まずは、結婚情報誌「ゼクシィ」を買いに行った。つらいときに私を救ってくれたのがスヌーピーの一言だったから、どうせ買うなら命の恩人であるスヌーピーのグッズと婚姻届が付録になる号だと決めて、出るのを待って購入してみた。「首都圏」と「国内リゾート」と「海外」の３種類あり、異なるグッズとデザインの婚姻届を入手できた。文字がピンク色の婚姻届も付録でついていた。

　次は市役所。さまざまな届出用紙が置いてある所に婚姻届も置いてあり、市のキャラクターと「60th」と書かれた限定版だった。１枚取り、そこにいた職員のかたに、雑誌の付録でも受け付けてもらえるか尋ねたら、笑顔で「大丈夫ですよ」と返ってきた。

　ネットで検索したら、デザインされた婚姻届を無料でダウンロードできるサイトまであり、驚いた。

　それだけではない。各地の「ご当地もの」もあるなかで、立川市は「プレミアム」があって、1000円で販売している。にぎわいの創出やまちへの関心と愛着を高めるきっかけとした点が評価されて、グッドデザイン賞を受賞しているとのこと。すごい。「ご当地もの」を使えば、思い出の土地の婚姻届を、自分たちが住む役所に提出することもできるのだ。

　さらに驚いたのは、記入する項目が充足していれば、自作の用紙でも

第 1 章　授業にこんなものを使ってみる

かまわないということ。用紙の空いているところに 2 人で想いを綴って
もいいし、 2 人の思い出の写真を背景にした用紙でも大丈夫とのこと。
「どういうデザインの婚姻届にするか?」というデザインの授業をすれ
ば、素敵な婚姻届が生まれるかもしれない。将来自分で使うかもしれな
い。こういう授業を、芸術科の先生、いかがでしょう?

　余談ですけど、婚姻届の授業の最後には、「相手の人名欄に好きな人
の名前を書いて枕の下に入れて眠れば、想いがかなうかもしれないよ」
とか「好きな人の夢を見ることができるかもしれないよ」などとアドバ
イスをしておく。

19

教室だから、新聞

日達　綾

　ある日の高校３年生「政治経済」の授業である。新聞冊子を１人１部配布。先に新聞の構成を説明し小グループ内で協力しながら、ワークシートの質問に取り組む予定だった。ところがうっかり説明より先にワークシートを配布してしまった。すると「新聞ってページはどこにあるの？」、「リードって何？」と、生徒たちはワークシートの質問で、大騒ぎ。「自身で学びたい」という彼らの意欲を感じる瞬間だった。先に説明をするより、断然、盛り上がり、主体的に学ぶ雰囲気になった。この体験以降、新聞の授業では説明するより前にワークシートを配布するようになった。次の３時間分のプランは、２年生「公共」で今年実践した３時間の授業だ。この学年は１人１台の iPad と Apple Pencil を入学時に全員購入しているので、ワークシートはオンラインで配布、回収している。

１時間目　「新聞の構成を知ろう」
［４人グループで、協力しながら学ぶ。１人１部持てるよう３社の同日の朝刊・夕刊６紙を渡す。］
〈生徒に配布したワークシートの内容〉
１、私の担当は（　　　）新聞。　　　　　　２、朝刊 or 夕刊
３、全体のページ数は（　　　　　）ページで、投書欄は（　　　　　）ページにある。

第1章　授業にこんなものを使ってみる

4、コラムの名前は（　　　　）。　　　　　5、トップ記事の見出し
を写そう「　　　　　　　　　」。

6、リードを読んで、記事の内容を仲間に説明しよう。→メモ

〈話し合おう〉

1、同じ日の新聞を見比べ、違いを見つけよう。

2、なぜ、違うのか。

3、メディアの1つである新聞。その長所と短所は？

4、今日の授業の感想

2時間目　「新聞にはどんな情報があるか」

［1人1部、朝刊か夕刊を渡す。個人ですすめる。］

〈生徒に配布したワークシートの内容〉

1、紙面をぱらぱらめくり、自分が気になる記事を探す。

2、記事を貼り付ける。→ ipad カメラでスクショ。→ Apple Pencil で
記事を囲む。→ワークシートにコピペ。

①（　　　　　）新聞、（　朝刊　or　夕刊　）、（　）ページ

②記事見出し（　　　　）。　③記事内容まとめ。　④記事を選んだ理
由。⑤記事を読んだ感想。

3時間目　「デジタル新聞記事を検索できるようになろう」

［URL をふめば、ログインできる「朝日けんさくくん」（学校で契約）
URL の場所を案内。］

〈生徒に配布したワークシートの内容〉

1、デジタル新聞記事を、次の①か②の方法で探す。

①学校で契約しているデジタル新聞で検索。　　②各新聞社の無料記事
をさがす。

2、検索するキーワード　＊キーワードは、次の1〜7より選ぶ。

21

1：?　　2：?　　3：?　　4：?　　5：?　　6：?　　7：?

①記事 URL（　　　　　　　　　　）　②見出し（　　　　　　　　　）

③記事内容まとめと感想

次の授業は、個人でスライドを作成しプレゼンする予定。そのための資料になることを説明。

　私は歴史系と公民系の２つの民間研究団体に属している。月１回程度の例会に参加し小中高大の実践報告を伺ったり、様々な学びの機会がある。今夏の全国大会で福井県の小学校の実践を伺った。報告のスライド写真では、子どもたちが田んぼで泥だらけになって本当に楽しそう。けれど自然豊かな地方で暮らす子どもたちであっても、家に帰ると、ほぼゲームか YouTube を見る生活だそうだ。だからこそ体験が学校で必要だとお話をされていた。近年の急速なデジタル化により、匂い、感触、痛み、快感など非言語情報による家庭や地域での学びや体験の減少がますます加速しているように感じる。新聞を購読している家庭も減り、新聞が各家庭に配達されることを知らない子もいる。新聞が100％信頼出来て、SNS やインターネット上の情報が100％信頼出来ないということではない。どんな情報も偏りや危うさはある。けれど主に個人が発信する SNS と、多くの人々が仕事として関わっている新聞・書籍を比較すると、新聞・書籍の方が信頼性が高いことが多いと思う。日本新聞協会HP[*1]によると、１世帯あたりの部数は、2000年には1.13、2022年には0.53でこの20年で半減している。

　では、今なぜ新聞の授業なのか。高２「公共」の授業で「デジタルと情報化社会」について、全部で17問のアンケートを Google classroom で取った。内容の一部を紹介する。

　資料１と２を比べ、大変興味深いと感じた。資料２、信頼性が高いと考える情報源の２番目は、「新聞」で59人、31.9％。それなのに資料１

第1章　授業にこんなものを使ってみる

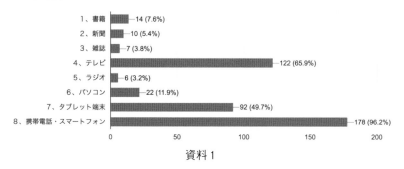

資料1

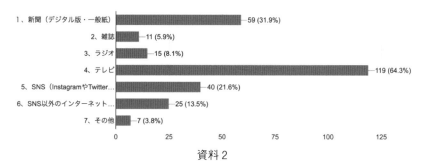

資料2

では「新聞」を利用していると答えたのは、回答数185人中10人、5.4％だ。「信頼性が高い情報源はどれか」で、「その他」と回答した子たちの声も紹介する。「最新の情報じゃなければ本」、「正直ネット上の情報はあまり信頼していない」、「どれも信じられない」。

　このアンケート結果のグラフを、みんなで分析する授業をした。その際のワークシートには、「スマホはよく使うけど信頼はしていない」、「信頼性より楽しさ重視」と、信頼していないけれど、手軽さから、ついついスマホに手が伸びる高校生たちの姿が目に浮かぶようになった。彼らはインターネット上のコンテンツが「新聞や書籍に比べ信頼性が低

23

いことがある」ということを理解している。その上でスマホに手を伸ばしている。一方、どの情報を信頼して良いのか、どのように情報と向き合えば良いのか戸惑っている姿も見えてきた。

　高校生たちは SNS より、多くの人々がアウトプットに関わっている新聞や書籍を信頼している。けれど、これらの情報源にほとんど触れたことが無く、活用するにはハードルが高いと考えているとしたら、教室だからこそ新聞を読んだり、書籍を読む、調べる体験が必要ではないだろうか。学校図書室には常時、何種類もの新聞がある。カラーで 1 人 1 部以上手渡せる。司書と連携し、これを活用しない手は無いと思う。

　スマホをはじめとしたデジタル端末は私たちの生活に欠かせないものになっている。私の勤務している県立高校でも昨年度からペーパーレスで職員会議をしている。授業中に使う資料やプリントもペーパーレスが進んでいる。子どもたちに「紙のプリントとオンライン配布とどっちが良い？」と聞くと、「デジタルプリントだと、無くさないから良い！」という回答が返ってくる。ノートテイクに関しては、デジタルがやや分が悪くなる。私の授業をイメージする。例えば人物写真資料を注目して欲しい 1 つに絞り、小紙片にして配布。ノートテイクの大体の法則性、つまり「タイトルは囲います。」、「教科書や資料集の関連ページ数はここに書きます。」と初めの授業で伝えてあるので、小紙片をノートに貼る大体の位置も指示する。例えば授業の導入として人物写真資料に吹き出しをつけてもらい、この人物の考えをイメージしながら吹き出しの内容をそれぞれ考える。iPad の画面はスクロールしないと一定の範囲の画面しか見ることが出来ない。けれど紙のノートは一面を見渡せる。全体を見ながら人物写真の吹き出しの内容を考えた方が分かりやすい時がある。となるとノートが有利。また子どもがノートを取る時間に教員は話をしないので、この間にあれこれ思考する時間を子どもたちに保障しているように思える。そして自分で考えノートを仕上げる満足感。でも

第1章　授業にこんなものを使ってみる

これは手先を使うことが得意で、自分で構成を考えることが好きな子に
限る。そんな風に考えると情報の入手の仕方も、多くの人たちの得意・
不得意を優先するなら「新聞は時代に合っていない」と思う人もいそう
だ。

　子どもたちの「新聞」の授業後の感想を紹介する。「新聞を読んでも
大した知識は得られなかった。ネットの方がコスパが良い」、「文字が多
くて頭がおかしくなりそうだったけど、リードがあったので、読者が読
みやすい工夫があったことに気づいて嬉しくなりました」、「普段あまり
読むことのないものを読めて、比較することができました。いつもはス
マホやテレビで何となく情報を得ることが出来ているけれど興味を持っ
たニュースなどについて細かく知れたりするのは新聞なのかなと感じる
ことができました。色々なメディアの利点などを比べることができたの
で、上手く使い分けていければいいなと感じました」。

　この「新聞」の授業の後、「情報化社会とメディア」についての授業
を展開し、先述の研究会の例会で報告した。「子どもたちは、信頼出来
ないことが多いと思いながら、スマホの情報に手を伸ばしている。どう
したら良いか。」と参加している人たちに問いかけた。すると「だから
教室でスマホより、もっと楽しいことを提供するんだ！」と大ベテラン
からの発言。「そうだ！　それだ!!」とストンと胸に落ち、嬉しくなっ
た。教室でも街中でも、みんなスマホを眺めているこの時代。スマホ
よりも、もっともっと楽しいことを、情報を得るには様々な方法がある
ということを、子どもたちに教室で手渡せるよう、これからも学んでいき
たいと思う。

＊1　日本新聞協会「新聞の発行部数と世帯数の推移」
　　https://www.pressnet.or.jp/data/circulation/circulation01.php

映画「三丁目の夕日」と高度戦後成長

菅澤康雄

　戦後の日本経済は、経済の民主化、傾斜生産方式、ドッジラインで始まり、朝鮮特需、日本型経営方式、所得倍増計画などを経て、高度経済成長が石油危機で終わったという記述が定番だ。言葉の理解だけならば、これで十分だろう。

　しかし、文字だけでは当時の日本社会がどのような世の中で、庶民がどのような暮らしをしていたのか、暮らしにどんな変化が生まれたのかまではわからない。ときは1950年代後半から70年代初め、今から70年も前の日本社会を、生徒たちに理解させるにはどうすればよいか？

　文字でわからなければ映像で理解させたいと考えた。教材は『ALWAYS 三丁目の夕日』。これを視聴してクイズ問題にして答える。「見て答え」ればよいから、生徒は取り組みやすい。クイズはプリントにして視聴後に配布した。

　まず、見ていない人のために『三丁目の夕日』の概要を紹介しよう。

　1958年、東京タワーが完成するこの年、東京下町の自動車修理工場（鈴木オート）に、星野六子が青森から上京し就職した。マジメで優秀な労働者＝「金の卵」である。郷里の母親から娘の様子を尋ねる手紙が、毎月、鈴木オートのもとに届く。携帯電話がない時代、手紙が意思疎通する手段であった。

　鈴木オートの家にはテレビ、冷蔵庫、洗濯機（「三種の神器」）が入り、街には路面電車、オート三輪、コカコーラ、フラフープ、漫画本などが

第1章　授業にこんなものを使ってみる

登場する。鈴木オートは町工場の社長から、自動車会社の社長に上り詰めることを夢見る。庶民の目標は豊かになることだった。

　売れない小説家の茶川のもとに、身寄りのない少年（淳之介）が連れてこられ同居生活が始まる。淳之介は母親に「捨てられ」、茶川が親代わりに育てる。映画の最後に、会社社長の実の父親が引き取りに来るが、淳之介は茶川を慕って、これを拒む。お金持ちの父親が育てた方が幸せか、売れない小説家かを問いかけて映画は終わる。

クイズ

1　六子は何歳で、どこから、東京に働きに来ましたか。
2　六子のような地方から上京してきた人を何と呼びましたか。
3　六子は何人兄弟姉妹ですか。
4　1960年の高校進学率は何％だと思いますか。
5　電化製品の「三種の神器」は何ですか。
6　医者のタクマ先生の家族（妻と娘）は、なぜ死んだのですか。
7　建設中の高い建物は何ですか。
8　淳之介は実の父親が育てた方が幸せになれると思いますか、それとも小説家の茶川の方だと思いますか。

解答　1.中学校卒業後で15歳、青森県から。2．金の卵。高度経済成長を支えた中卒の労働者を指す言葉。3．上から6番目。下に弟や妹がいた可能性大。4．学校基本統計によれば、高校進学の全国平均は男子59.6％、女子55.9％。青森県は学校基本調査報告書では約40％。5．冷蔵庫、洗濯機、白黒テレビ。6．1945年の空襲時に防空壕へ逃げる前に撃たれて死亡した。東京大空襲では10万人以上が犠牲になった。7．東京タワー。テレビ放送の多局化を前に東京地区のテレビ塔を一本化するため1958年に建設された。8．正解はない。

27

この映画は庶民が「豊かさ」を追求する様子と同時に、「豊かさ」へのアンチも考えさせている。それは茶川の生き方と淳之介の実の父親の生き方の対比だ。映画の最後に出てくるシーンから「淳之介はお金持ちである実の父親が育てた方が幸せになれるか、それとも売れない小説家の茶川の方か」を尋ねてみたい。もちろん、これには正解はない。正解はないから自由に話し合いができる。

　戦後、貧しさから抜け出し、豊かになることが目指された。流行語は「国民所得倍増計画」（池田勇人総理大臣）、「もはや戦後ではない」（『経済白書』1956年）、「大きいことはいいことだ」（チョコレートのCM）、「ガンバラナクッチャ」（滋養強壮剤のCM）、「消費は美徳」などだ。一方、公害や過疎過密、環境破壊などの社会問題も顕在化した。「豊かさ」を追求した結果、失ったモノも大きかった。この授業で生徒は高度経済成長の暮らしをイメージできただろうか。

第1章　授業にこんなものを使ってみる

授業の合間に鑑賞する動画教材

武田真人

生徒は動画が好きである

　「じゃあ動画を見てみようか」といった瞬間、それまで下を向いていた生徒が笑みを浮かべて顔を上げる。やや複雑な気持ちではあるが、「今日は何の動画かな」と待ち望んでいた表情に、こちらも嬉しくなる。

　ただし授業の主軸はあくまでも教師の説明と発問である。動画は、授業の合間に、その内容を実感してもらうための補助教材であると位置づけている。従来の授業でいえば資料集の該当箇所を見るようなライトな感覚である。

　したがって動画の「尺」は、ニュースなどの1〜3分がもっとも多く、特集番組などでも6〜8分、単元のまとめでじっくり見せたい動画の場合も15分以内に短縮するようにしている。

　教材動画の配信元は主に「You Tube」であるが、著作権を侵害しないようメディア・団体などの「公式チャンネル」の作品を利用する。ほかの配信元としては、公共機関・市民団体のホームページ、またはNHKサイトもよく利用する。「NHK for School」の教育動画は、内容にそれほどの深みはないがコンパクトで手軽である。現代史に関わる分野では「NHKアーカイブ」の動画が実に豊富である。とくに「NHK戦争証言アーカイブ」には貴重な作品が多い。

　動画の再生操作はテキパキとおこなうことが肝要である。操作が中断すると授業のリズムが損なわれる。このスムーズな動作は、ロートル教

師にとってはけっこう難題で、授業の進行にともなって複数の動画を即座に再生できるように PC・タブレット上、アプリ等の抜かりのない事前準備が必要となる。また再生はすべてストリーミングであることから、事前に編集をすることができない。したがって「尺」の調整（途中再生・飛び越し再生）は、事前にメモした時間表示を目印に、再生しながらの手作業となる。このための事前準備はなかなか煩雑である。繰り返しであるが、操作のもたつきはくれぐれも禁物である。

　言うまでもないことだが、動画を選択するのは教師であることから、教材として良質で的確であることの責任が教師に求められることになる。

活用した動画教材の事例

　筆者が2020年〜2022年度の中学「公民」、高校「現代社会」の授業で教材として活用した主な動画である。

〈ニュース動画・国会審議中継〉
衆議院インターネット審議中継「特別国会本会議〔進行係〕発言場面」　　　　　　　　　　　　　　　　　　　　　　2014.12.24
衆議院インターネット審議中継「総理大臣指名選挙」　2017.11.1
衆議院インターネット審議中継「総理大臣指名選挙」　2010.6.4
KyodoNews「婚外子差別は違憲 相続半分の民法規定」　2013.9.4
ANNnewsCH「夫婦同姓は合憲 最高裁が初の判断」　2015.12.16
テレ東 BIZ「秋元議員を逮捕へ」　　　　　　　　　2019.12.25
FNN プライムオンライン「河井前法相・案里議員を逮捕」 2020.6.18
ANNnewsCH「検察官の定年延長問題 野党が関連法案の撤回求める」
　　　　　　　　　　　　　　　　　　　　　　　　2020.5.11
テレ東 BIZ「黒川元検事長「起訴相当」」　　　　　2020.12.24
テレ東 BIZ「黒川元高検検事長を賭博罪で略式起訴」　2021.3.18

NHKNEWSWEB「検察異例の起訴取り消し 中国への精密機器輸出めぐり」 2021.8.1

テレ東 BIZ「起訴取り消しで国や都を提訴」 2021.10.27

TBSNEWS「五輪を前に…どうなる横田空域」 2019.2.4

TBSNEWS「野党4党 臨時国会召集を要求、政府・与党は応じない姿勢」 2021.7.16

ANNnewsCH「核兵器禁止条約採択 日本と核保有国は不参加」 2017.7.8

〈ドキュメンタリー・解説・記録動画など〉

BBC News Japan「フロリダ高校乱射 エマ・ゴンザレスさんの演説」 2018.3.27

日経新聞「動画でおさらい アメリカ大統領選」 2020.8.21

BBC WEB 記事「アメリカ大統領選挙開票速報」

BBC「このままでは人が死ぬ ジョージア州選管幹部が警告」 2020.12.2

NHK「ヘイトスピーチ解消法 施行から3年 現実と課題は」 2019.6.12

UHB「核のごみ調査応募へ反対の住民団体 寿都町長へ署名提出」 2020.10.7

NHK「沖縄戦 住民を巻き込んだ悲劇の戦場 山形県歩兵第32連隊」 2008.4.30

中日映画社 HP「十年の果てに 三菱樹脂高野訴訟判決」 1973.12

中央大学学生 FW 制作多摩探検隊「砂川の記憶 57年目の証言」 2012.08.1

琉球朝日放送「普天間第二小学校に CH53の窓落下」 2017.12.13

琉球新報「普天間第二小の日常」 2018.6.13

毎日新聞「米軍ヘリ首都異常飛行」 2021.2.24

ETV 特集「被爆者たちの原爆映画『ひろしま』」　　　2019.8.6

核兵器廃絶日本 NGO 連絡会公式サイト「核兵器の終わりの始まり」

2020.3.3

へいわ創造機構ひろしま CH「核兵器禁止条約批准国50か国達成」

2020.10.25

株エコスタイル「地球温暖化のしくみと原因」　　　2018.6.20

毎日新聞「グレタトゥンベリーさんの国連演説」　　2019.12.11

The Guardian「気候ストライキが世界中をどのように進んだか」

2019.9.21

報ステ「"洋上風力最前線"普及のカギ前編」　　　2018.3.31

Earth Company「国連が泣いた日系マーシャル人スピーチ！」

2016.10.6

国立環境研究所「〈温暖化のホント〉地球温暖化のリアル圧縮版①」

2020.6.10

国立環境研究所「じゃあ、どうしたらいいの？　地球温暖化のリアル
圧縮版③」　　　　　　　　　　　　　　　　　2020.9.3

ANN「ようやく核燃料に着手が、本当の難物はデブリ900トン」

2019.4.15

ANNnewsCH「民意偽造～軽んじられた"名前"～」〈テレメンタリー
2021〉　　　　　　　　　　　　　　　　　　 2021.6.19

TOKYO MX「ふるさと納税で地方へ税金流出　世田谷ピンチ」

2017.7.31

国連広報センター 2020「国連創設75周年 一緒につくろう、私たちの未来」

国連広報センター 2020「安全保障理事会とは？」　2019.2.21

国連広報センター「国連総会とは？」　　　　　　 2018.12.11

大月書店『ウォール街を占拠せよ』参考動画「Consensus」 2012.09.28

第1章　授業にこんなものを使ってみる

官製の教材を利用してみる

篠原朋子

「民主的な教育をするからには、国家権力にへつらうようなことがあってはならない」…と、そこまで私は頑なに考えてはいない。官製のものでも、使えるものは何でも使う。「官」から素材だけご提供いただき、料理はこちらですればよいのだ。

　毎年一方的に学校に送られてくる「税金の話」的なパンフレットがある。ある時、試しに読んでみたら、使えそうな授業案があった。パンフレットは東京都租税教育推進協議会発行『私たちの未来を考える』〔高校生向け〕であった。

まず、税金を考えさせる

　私の担当は高校の「政治経済」。今回は「財政」の授業。「税金」パンフからお知恵をいただき次の導入。

　A、B、Cの3つの家庭が住んでいる町だとする。ともに子育て家庭で、保育園が必要になった。保育園を建てるために900万円が必要である。

　AはIT系のベンチャー企業を経営していて、年収は2000万円。

　Bは中堅企業のサラリーマンで、年収は500万円。

　Cは持病があるため時間限定のアルバイトで、年収は200万円。

　この3つの家庭から保育園を建てるための税金を納めてもらう。どのくらいずつ集めたらよいと思うか。

33

① 全員に300万円ずつ納めてもらう

② Ａだけに900万円すべて納めてもらう

③ その他の方法

　これは盛り上がった。グループでワイワイと討議している。生徒達は、少しだけ難しい数字合わせの計算に闘志を燃やすようだ。そして、ほとんどのグループが「年収の33％ずつ負担してもらう」となった。所得に応じた負担が平等だという「垂直的公平」の感性はある。しかし、これは累進課税にはなっていない。かくして累進課税の導入ができた。

次に予算案を考える

　国の歳入と歳出の費目について一通りの調べ学習をさせたあと、最後のまとめとして「理想の国家予算を考えよう」…これは、財務省が作ってくれている「財政教育プログラム（小中学校向け）」の中にある「予算シミュレーションツール」というエクセル画面をダウンロードして使わせていただく。

　まず、予算案のテーマを決める。「子どもの将来を考えた予算」など。このワークシートは無料でダウンロードでき、そのまま印刷して授業で使える。グループでテーマを決めたら、各項目ごとに何％増やすか減らすか、その理由も書き込ませる。

　次にエクセルのワークシート。これが大いなる優れ物で、「10％増」「20％減」などを選べば自動的に全てを計算してくれる。予算総額が見える化し、国債残高も自動計算される。グラフも自動的に変化する。アナログ世代の私ですらも面白く感じた。生徒達も楽しそうだった。

　しかし…生徒達はいとも簡単に「年金」「生活保護」「介護」を減額し、自分たちに直結する「教育・子育て」は増額する。そんなグループだらけだ。

　最後の授業で発表。私は朝から憂鬱だった。どうせボソボソとした声

第1章　授業にこんなものを使ってみる

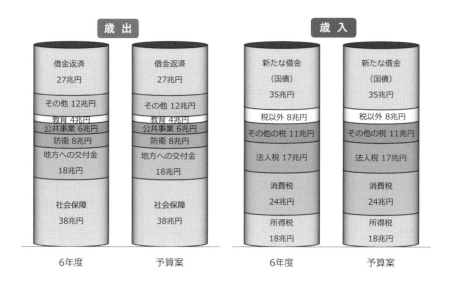

でやっつけ仕事的に発表するんだろうな。授業が盛り下がる…。

　ところが、驚くべきことに、どのグループの代表者も声高らかにアピールするではないか！　おそらく、一生懸命考えた予算案だから、誇りを持って発表しているのだ。

　さて、発表では、どのグループも「年金」を減額している。ところが、1つのグループが「年金を増額します。高齢者を支える若い世代が救われるからです。」と主張した。よく気がついてくれた。私がアドバイスしたわけではない。生徒自らが考えてくれた。最後にどのグループの予算案が最も良かったか投票させたところ、そのグループが一位となった。

　もちろん、全ての発表で「年金を削減」となったクラスもある。「生活保護は100％削減」などというグループもある。でも、ここで私は講義（抗議）しない。次に社会保障の授業が控えており、「社会全体での支え合い」へと導く予定があるので、心配はない。

　ちなみに、社会保障関連に関しても、厚労省が丁寧なパワポ画面を提供してくれている。これも大いに利用した。

法務省は「裁判員裁判」の事件ストーリーを提供してくれている。そろそろ NHK「おとぎ話法廷」を中学時代に体験している生徒が増えてきている。私は法務省のものを使ってみようかと画策している。

　このように、官製の教材が意外に（失礼）役立つことがわかった。予算案のエクセル表なんて、自分で作ろうとしたらとても無理だ。利用できるものは大いに利用して働き方改革を図り、楽しく充実した授業作りをしていくのだ。

第1章 授業にこんなものを使ってみる

国民の本音と建て前
──「寄せ書き日の丸」と「露営の歌」の替え歌から

菅澤康雄

「寄せ書き日の丸」の本音と建て前

　次頁の写真の「寄せ書き日の丸」は、郵便局に勤めていた義理の伯父さんが出征する時に同僚から送られたもので、20年ほど前に、譲り受けた品だ。受け取った時、これを使って戦争学習ができないかを考えた。

　ネットを見るとオークションに出品されていて、結構な高額が付けられている。どの「寄せ書き日の丸」も「武運長久」と書かれ、出征する人、友人、職場の同僚の名前が書き込まれている。「武運長久」とは戦場から無事に帰って来て欲しいという意味だ。この願いを込めて日の丸に寄せ書きして、戦地に送り出したことがわかる。徴兵された青年は「寄せ書き日の丸」を肩に掛けて、行列の先頭に立ち駅まで行進し、駅ではみんなから「○○君、万歳！　万歳!!　万歳!!!」と三唱された。「死んで帰って来いよ」、「手柄をたてよ」と激励され、入隊して行った。何とも重い「寄せ書き日の丸」だ。

　「武運長久」と書き「無事に帰って来て欲しい」と願いながら、「死んで帰って来いよ」とは、なんだか矛盾している。でも、ここに当時の国民の本音と建て前があったのではないか？　本気で死んで帰って来いと思う家族や友人、同僚がいるわけがありませんから。

「露営の歌」の替え歌の本音と建て前

　本音と建て前をもう１つ。戦争中に最も歌われた戦時歌謡曲は「露営

37

「寄せ書き日の丸」

の歌」だ。露営とは野外にテントを張って寝ることで、戦争中はいつでも露営での生活だった。「露営の歌」は1931（昭和21）年に作られ、広く歌われたようだが、今ではYouTubeで聞くことができる。

　　勝って来るぞと勇ましく　誓って故郷を出たからは　手柄たてずに死なりょうか
　　進軍ラッパ聴くたびに　瞼に浮かぶ　旗の波
　　土も草木も火と燃ゆる　果てなき荒野　踏み分けて　進む日の丸鉄かぶと
　　馬のたてがみ　なでながら　明日の命を　誰が知る

なんとも勇ましい歌ですね。この「露営の歌」の替え歌が、子どもた

38

ちによって歌われた。

　　負けてくるぞと勇ましく　誓って国を出たからは　手柄なんぞ　知
　　るものか
　　退却ラッパ聞くたびに　どんどん逃げ出す勇ましさ
　　勝って来るぞと勇ましく　誓って国を出たからは　手柄立てずに
　　支那料理
　　進軍ラッパ聞くたびに　まぶたに浮かぶ支那料理

　子どもたちが深い意味を考えて、替え歌を作ったのではないはず。反
対語を並べていったら面白い歌になったという感じでしょうか。大人も
子どもも食べ物がなくて飢えていたから、「死なりょうか」が「支那料
理」に替わったことは容易に想像できる。なんとも子どもらしい思考だ。
　「寄せ書き日の丸」も「露営の歌」の替え歌も、戦争中の国民の本音
を表しているように思えてならない。いつだって誰だって「手柄より命
が大事」ですから。

参考文献
　笠木透『昨日生まれたブタの子が』　音楽センター　あけび書房　1995年

大日本帝国時代の参考書

井出教子

大日本帝国時代の参考書

　一昨年、父方の祖父母が住んでいた空き家を解体することになった。長野県の山奥にある木造の一軒家である。解体前に遺された祖父母の持ち物を整理しに行った父が持ち帰ってきた物の中に、革でできた大きな旅行鞄と帽子、歴史の参考書があった。農家の三男だった祖父は大日本帝国時代に海軍兵だった。その時に携行していた品々のようで、父は「思い出深いものだからおじいちゃんも捨てられなかったのかもしれないね」と言っていた。

　当時の参考書の現物を見たのは初めてだったので、興味深く中を開いてみた。所々に手書きで書き込んだと思われる赤線が引かれている。祖父は高等学校や大学には進学しなかったが、海軍の昇進試験で歴史を勉強する必要があったらしい。

　著者によるはしがきを読んでみると、本は当時の中学生向けに、高等学校や師範学校への入学試験対策の参考書として書かれたもののようだった。

　1ページ目には〈國史を学ぶ目的〉という小見出しに続いて、「我が國が肇（はじ）められたのは、悠久の昔である。神武天皇が御即位されてからでも、凡そ二千六百年に及んでいる。この久しい間、世界に比ひない輝かしい歴史を有している。上には萬世一系の天皇おはしまして、

第1章　授業にこんなものを使ってみる

代々國民を赤子の如く慈しみ給ひ、下には忠良なる國民があって、大御心を奉じ君國のため力をつくした云々…」とある。

　ゴシック体になっているところは、参考書で太字にされている部分で、今の教科書の太字と同じ意味合いなのだろうと思われる。

國史参考書を授業で使ってみる

　公共の「日本国憲法の成立」の単元でこの資料を生徒に配ってみた。採用したのは第一編の書き出し部分である。

山上徳信　受験研究社増進堂　昭和17年

　歴史の教科書が神話から始まっていることがまず驚きである。天皇が上、臣民が下、と明記されているところも現代との違いを感じる。「世界に類なき美しい國體（こくたい）」、「よろづの國にすぐれたる國」など、日本が他国に優越する国であることが強調されている。ページの上部には、試験の過去問と思われる問いも掲載されている。読める範囲では「わが國體の萬邦無比なる所以について説明せよ」とある。

　生徒たちは、珍しい資料だなあというかんじで眺めていたが、いかんせん漢字の読みが難しいので、意味を理解するのに時間がかかった様子だった。こんなものを当時自分達と同じ世代の若者が読んでいたのか、という声も聞かれた。

　この資料に加えて、太平洋戦争中に書かれた小学生の日記を読んでも

41

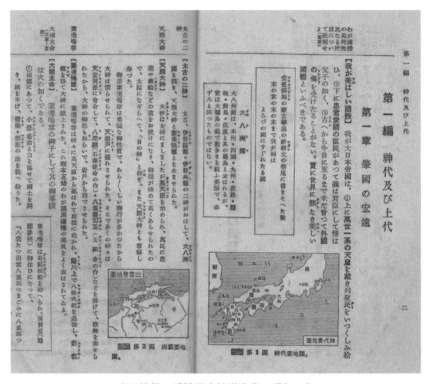

山上徳信　受験研究社増進堂　昭和17年

らったが、こちらの方はわかりやすかったようだ。日記は東京市誠之尋常小学校の『紀元二千六百年奉祝記念文集』から抜粋したものである。

「紀元二千六百年」　　　　　　　　　　　　　　　　　　　　岸田邦子

　今年は紀元二千六百年なので、十一月十日は、日よう日でも学校でお式がありました。

　この日、前田校長先生が、東京中の校長先生のそう代で宮城前のお式においでになったので、学校では黒木先生がお話をなさいました。

　「今日は二千六百年のお祝いのお式です。日本の国がこんなに長く

42

第1章　授業にこんなものを使ってみる

つづいて、その間いっぺんも外国にまけたことのない、りっぱな国に
なることのできたのはみんな天皇へい下のおかげです」とおっしゃい
ました。私もこんな国に生まれたことをほんとうにうれしく思いまし
た。

　お家でもみんなそろってお祝いをしました。（中略）おとうさまが、
「みんなそろって、こんなりっぱな国の、こんなめでたい年に生まれ
たことは、ほんとにしあわせなことだ。このありがたいごおんにむく
いるには、からだをじょうぶにして、一生けんめいべんきょうして、
りっぱな日本人になることだよ」とおっしゃいました。（後略）

マッカーサーはなぜ天皇制存続を訴えたのか

　授業で使用している「政治・経済」の資料集には、国民主権と象徴天
皇制の単元に「天皇制存続に関するGHQの意図」と題して、マッカー
サーのアイゼンハワー宛電報が掲載されている。その解説には、日本が
ポツダム宣言を受諾した後、アメリカ国内では「天皇戦犯論」が高揚し、
1945年9月には米国上院で「天皇を戦争裁判にかけよ」と決議されるに
至ったことが記されている。これに対して、マッカーサーは翌年1月に、
天皇制存続の必要を説く内容の電報を、当時アメリカ陸軍参謀総長だっ
たアイゼンハワーに送った。

　では、なぜマッカーサーは天皇制存続を訴えたのか。授業の最後に生
徒に問いかけ、考えてもらった。

　「当時の日本国民に徹底された教育によって、天皇に対する感謝や、
天皇は尊いものであるとする考えが植え付けられていた。そのため、天
皇を処刑すれば確実に日本国民の恨みを買い、支配がやりづらくなると
アメリカ側は考えたのではないかと思う。また、これだけ日本人からの
信心を得ているのであれば、天皇という人物・立場が日本を支配する上

で利用価値があると判断したため、その地位を残したのではないかと考える」

「資料から、日本国民たちが天皇を神と見做して崇めていたことがわかる。また自分達は天皇に従順な国民であり、立派な国に住まわせてくれている天皇の恩を裏切るなどということは考えられないと刷り込まれていることもわかる。このことから、もしアメリカ政府が天皇を処刑すると、国民の多くから反感を買うのはもちろん、反発をしたり殉死したりする人が増えると予想される。そしてそれはアメリカが日本を統治するのに不都合であるため、天皇の地位を残したと考えられる」

　上記２名の生徒たちのように、今回提出された生徒の意見には、天皇制を支持した当時の国民感情が"国家によって意図的に生み出されたもの"であったことに触れた記述が多かった。

　教科書では、大日本帝国憲法について、天皇主権で、民主的でなく、今の憲法とは全く異なる内容であることが強調されている。しかしその下に生きていた人々は、私たちと同じ人間である。生徒たちには当時の人々は、現在の私たちとは全く違う思想信条を持った人たち、と思い込むのではなく、なぜそのような思想信条を持つに至ったのかということも含めて考えて欲しいとかねてから思っていた。そうでないと、過去に起こった出来事は、現代とは異なる人たちが起こした出来事であるという認識で終わってしまい、これからの未来に生かすことのできる教訓を得にくいと考えるからだ。

　そういった点で、今回偶然出会った祖父の國史参考書は、当時の若者たちがどのような教育を受けていたのかを知り、なぜ人々が天皇を神と崇めるに至ったのかを知るうえで良い教材になったのではないかと思っている。

44

第1章　授業にこんなものを使ってみる

インフレで億万長者！
でも何も買えない現実

瀬戸口信一

　インフレの勉強をするには、なんといってもインフレ紙幣がもってこいの教材だ。教室にもっていくと「なにそれ？」とみんなが注目し、これを拡大掲示すると0の数にびっくり、A君に数えてもらうと、……0の数は、14個。金額にすると100兆ジンバブエドルとなる。この100兆ジンバブエドルが350枚（3.5京ジンバブエドル）でアメリカの1ドル紙幣と同じ価値だという。

　皆さんもこれで授業を！と言いたいところだがこの紙幣は2023年現在アマゾンで何と1枚35000円で取引されている。ちなみに私は、2005年頃ヤフオクで100枚束のジンバブエ100兆ドル紙幣を1000円（1枚10円）で入手した。授業のたびに子どもたちにプレゼントしていたらいつの間にか無くなってしまった。大事に保存していたら350万円の大金持ちに

100兆ジンバブエドル紙幣

45

なっていたのに残念！ 1時間の授業に35000円を投資する勇気はないと思うので、この授業では、本物そっくりな「ダミー100兆ジンバブエドル」のご利用をお勧めする。これもアマゾンで販売している。今やネットショップは社会科教材の宝庫となっている。

財布が消えた!?　ジンバブエスーパーインフレ

　歴史の授業では、初任校でドイツに赴任された保護者からいただいた「ドイツインフレ1兆マルク紙幣」を長年使ってきた。物価1兆倍というとんでもないインフレがドイツ社会を大混乱に陥れ、その中からヒトラーが登場するなんて話になる。しかしこれは100年前の話だ。こんなバカげたことが現代社会では起きるはずがないとみんな思っている。しかしつい最近、2000年代のアフリカのジンバブエという国でもとんでもないスーパーインフレは起きた。さてどんな状況だったのか。下の資料で確認してみよう。

　ジンバブエは、アフリカ大陸の南部にある人口1500万人の国。おもな輸出品は、貴金属・タバコ・鉱石・ニッケル・鉄など。結構豊かな資源を持っていた。イギリスの植民地だったが1980年に独立。それ以来ムガベ大統領が独裁的に政権を運営した。スーパーインフレと言われる状況は、2000年〜2009年の間に発生。その時お財布は消え、リアカーに札束を置き、両手にお札を抱えて買い物をした。

　一体なぜ？ムガベ政権は、2000年に農地の強制収用を行い、農地から白人を追い出した。黒人は土地を取り戻したが、農業のやり方がわからず農業生産量が激減した。また会社

第1章　授業にこんなものを使ってみる

の株を政権が取り上げたので外資系企業が一斉に国外に撤退し、工業生産物資も大幅に不足した。さらに「価格統制令」を出し、商品の価格を半額にするよう厳しく取り締まったせいで多くの企業が倒産した。その結果ジンバブエ経済は崩壊。他方政権は、選挙費用を捻出し、労働者からの賃上げ要求に応じるために通貨のジンバブエドルを乱発し続けた。こうして需要と供給のバランスが大きく崩れインフレに歯止めがかからなくなった。最終的には2009年「複数外貨制」が導入されジンバブエドルの使用が禁止された。米ドルなどが使われるようになって、スーパーインフレは収まった。

他にもあった！歴史上のスーパーインフレ

　世界史を紐解くとスーパーインフレというとてつもない物価高を経験した国は多い。次頁の年表を見てほしい。こんな物価高が起きたら、社会はめちゃくちゃになってしまう。そこでこれらのスーパーインフレの共通の背景を探ってみた。

　年表をみると、スーパーインフレは、戦争、革命、独裁政治などによる社会的・政治的混乱によって起きた。具体的には、さまざまな理由による農業生産や工業生産の破壊（供給量の激減）と同時に独裁的政権による貨幣の極端な乱発が重なり、過激なインフレつまりスーパーインフレに陥ることになる。

年代(頃)	国	背景	物価（参考：確定したものではない）
18世紀	フランス	フランス革命の戦費調達のための過剰な通貨供給	不明
19世紀	アメリカ合衆国	南北戦争の戦費調達のための過剰な通貨供給	不明
1918年	ソビエト連邦	ロシア革命による経済混乱と過剰な通貨供給	600億倍
1923年	ドイツ	一次大戦の賠償金のための過剰な通貨供給	1兆倍
1946年	ハンガリー	二次大戦後の経済崩壊と過剰な通貨供給	1垓（がい）ペンゲー紙幣の発行（10の20乗・ゼロが20個並ぶ数字）
1994年	ユーゴスラビア	内乱による経済崩壊による供給量の激減	100万倍
2008年	ジンバブエ	土地改革の失敗による供給量の激減と過剰な通貨供給	100兆倍

（スーパーインフレの年表）

インフレーション（インフレ）とデフレーション（デフレ）の原因は何か？

　現在、世界的なインフレ傾向が各国を襲っている。その原因はなんだろうか？

　ここでは基本的なことを確認する。インフレーション（インフレ）の意味は？「物価が上がること」逆に言うと「お金の価値が下がること」。それではインフレの反対の意味の言葉を知っている？「デフレーション（デフレ）」その意味は？「物価が下がること」「お金の価値が上がること」。

　では、それではどうやってインフレやデフレになるのか。アンパンの価格を例に考えてみよう。ある国に100個のアンパン（供給）と10000円の通貨（需要）が流通していると、単純に割れば1個あたりの価格は

第１章　授業にこんなものを使ってみる

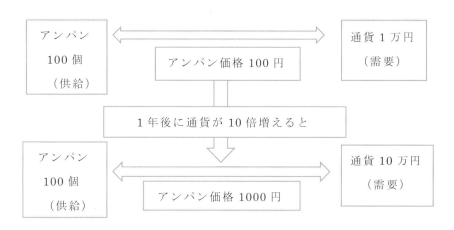

100円になる。１年後に通貨量（需要）が10倍に増え100000円になれば、１個あたりの価格は1000円になる。インフレだ。逆に商品量（供給）が1000個に増え、通貨量が変わらなければ１個のアンパンは10円となる。デフレという。こうして常に製品量（供給）と通貨量（需要）は、イコールでバランスがとれているのだ（上の模式図を参考）。

10億円札は発行されるか！　日本もスーパーインフレになるのか？

49

この10億円紙幣は、アマゾンでたまたま見つけた極上の実物教材だ。これは数百円で手に入る。さて、日本の紙幣の最高単位は何だろう？「１万円」。インフレが進むと最高紙幣の単位が大きくなるね。みんなは日本のインフレ紙幣見たことないでしょ。見たい人？「ハーイ」そこでポッケから「10億円札」を10枚ほど出す。そしてスーパーインフレになった日本はどうなる？みんなで想像してみよう。いつも買う商品の価格。両手に10億円札束抱えてコンビニに行く自分の姿を。自分が働いていたら給料はどうなるかなど。

　最後の問題だ。世界のスーパーインフレについて学んだ君たちに、日本の国がスーパーインフレになる可能性があるかどうか考えてほしい。それぞれ意見を出し合ってみよう。

第1章　授業にこんなものを使ってみる

株券を手に入れる

武藤　章

「株券」はもうかる

　今さら「株券」？　そう今さら「株券」の話をする。

　30年以上前、人生初めての株券を購入した。仲間の教員たちの勧めがあり、大枚を投じた。当時ソニーの株価は1株6000円。最低株数の100株を買った。60万円である。私の最高額の教材である。それまでの最高は「ナウマンゾウの臼歯の化石」2万円である。株主にもなったので、券の裏には私の名前が入り、株主総会にも出席するなど、実物教材としての力を発揮してくれた。

　しかるにである。株券は今、その価値を失っている。電子化によって現在株主になったとて、株券を手に入れることはできない。そもそも「株券」そのものが用のないものとなっているのだ。

　私個人についても定年退職した今となっては実物教材としての「株券」を披露する機会はないので、30年持っていた株はその役目を終えたのだった。というわけで、ソニーの株を売却した。170万円になった。30年で100万円を超える利益。計算すると、年利5％というところだろうか。もうかる実物教材というのもあるのであった。

「株券」が語る日本経済史

　手元には価値がゼロとなったソニーの株券が残っている。考えてみると、この株券は私とともに30年の日本経済史をともに歩いていたことに

気づく。私の登録年月日は昭和63年9月1日となっている。日本のバブル経済の後期にあたる。この株券はバブルを経て、その崩壊を目の当たりにし、その後、ITバブルで再び値を上げ、さらにその崩壊を経て現在に至っているのだ。私はその時々の株価を示す新聞の株式欄を取っておいてある。

　そうなのだ、この株券で、日本のバブル以降の経済史を語ることができるのだった。ちなみに株券には発行時の一株の金額（ソニーの場合は50円）や発行株数が明記されていて、企業の資金調達の様子がわかるし、株取引の学習にももってこいの実物教材であることは今も変わらない。

　株券は電子化されたとしても、教材として教員自身の持っている株というのは価値を持つ。担当教員が儲けた、損したなどという実際の話が経済を身近にさせていくのである。教師の名前が入っていると、毎日新聞の株式欄を見ては「今日も下がったね」とか嫌味を言ってくる生徒が出てきて、その影響力の大きさに驚くのだった。教えている大学生に聞くと、NISAなるものに投資している者が何人かいた。学校でも金融の授業の必要性が叫ばれている今日である。

「山一證券」から「ライブドア」

　もっている株券はソニーだけではない。私の自慢の教材は「山一證券」の株券である。1996年1月の段階で898円をつけていた株価は97年11月、ついに1円にまで下がる。そして同月24日、山一證券は自主廃業となる。日本の金融危機の始まりである。

　私はニュースを聞き、すぐさま山一證券の株を購入した。1株1円を2万株（株券が千株単位になっているので20枚）。そんなに買っても2万円である。いまどき、単価1円の商品なんて、前島密の1円切手ぐらいなものである。この実物教材によって、日本経済史におけるバブル崩壊後の金融危機について語ることができ、さらに会社がなくなれば株に

第1章　授業にこんなものを使ってみる

山一證券の株券

価値がなくなることも学習させられるのである。授業には当時の株価のチャート表も提示する。1円まで下がっちゃうのがスゴイ。ソニーと山一證券で語れることは多いのだ。

　経済事件が起きた時にそのつど、株券を手に入れるって面白い。高くなければという条件付きだが。ホリエモンの「ライブドア」株は80円の時に手に入れた。

　株券は電子化されたが、社会科教員にはぜひ株の購入をお勧めする。今は積み立てNISAなどもあり、買いやすくなっている。その株価の上下を記録しておけば、いつか役に立つ時が来るはずだ。

　えっ、山一の株券はどうしたかって？　実物教材を求める社会科教員は全国に数多く存在する。そんな同志に自分の分1枚を残して、残りの19枚を1枚2000円で分けてあげた。ちょっと儲けた。

コラム

隠し剣シリーズ　その1

勝負剣　まひしろ

「アナグラム」で導入

　ある学年を教えていて、1人だけどうしても私語をやめられない生徒にてこずったことがある。結局最後は怒鳴って黙らせるという指導に内心忸怩たる思いでいた。どうするか。私が思い描いているのは、もちろん「導入で勝負する」だ。

　計画を立て、タイミングを待ち、満を持して教室に向かう。ドキドキしているが、イメージは前の晩に何度も頭の中で繰り返した。授業が始まる。件の生徒は臆することなくおしゃべりを続けている。私が今までより強い口調で注意する。仮に生徒の名をK輔とする。

　私「K輔、授業が始まったんだ。おしゃべりをやめなさい」

　K輔「先生、何キレてんの？」

　私「いいか、お前はお前の心の中にあるしゃべりたいという気持ちを抑えなくちゃいけないんだ」

　K輔「は、訳わかんないんだけど」

　私「そのしゃべりたい気持ちを麻痺させなくちゃいけないんだ。しゃべりたい気持ち、麻痺しろ、麻痺しろって念じるんだ」

　K輔「は、麻痺しろとか訳わかんねぇ」

　K輔もキレかかり、他の生徒も固唾をのんでいる。さあ、タイミングは今だ。

　私「あれっ、まひしろ、まひしろって言っていたら、頭の中に地名が浮かんできた」

　別の生徒「先生、ひょっとして、ひろしま（広島）、ですか？」

　私「はい、そういうわけで、今日は瀬戸内工業地域の一大都市・広島を学習します。」

　K輔君、呆然。私は心の中で「勝った！」

それからというもの、授業中、K輔君は先生と目が合うと「まひしろ、ですよね」と言ってにっこり笑い口を閉じたとさ。めでたしめでたし。

教師が持ってる「隠し剣」

先日、私は山形県は鶴岡を訪ねた。旅の第一目的は「藤沢周平記念館」。彼の時代小説のファンである。特に好きなのが「隠し剣」シリーズ。日頃目立たない侍が最後に秘剣を振るう。「隠し剣　鬼の爪」「必死剣　鳥刺し」など映画化もされた。

考えてみると、私たち教員もひとりひとり「隠し剣」をもっている。生徒を一斉に集中させる、一瞬で私語をやめさせる、みんなを笑顔にする、いろんな剣を振るっている。そこで、ささやかながら私の「隠し剣」をいくつか紹介することにした。その第1回がこの「勝負剣　まひしろ」である。

ここに記したのは日本地理だが、このアナグラム（文字の並べ替え）はいくらでも応用が可能である。

ひとつ公民でやってみよう。

私「やあ、T夫君、いつもかっこいーねえ。俺も女の子から、武藤先生、かっこいー、かっこいーって言われたいもんだよ」

私「あれっ、かっこいーって言ってたら、国の政治組織が頭の中に浮かんできた」

生徒「先生、ひょっとして、こっかい（国会）ですか？」

私「ちっちっ。こっかいじゃなくて、こっかいーだよ。というわけで今日は国会―について学習します。今日の授業の入り方について文句のある人？いませんね。では」

もちろん、国会の授業の導入にはまともなのがいくらでもあるだろう。これはアナグラムで導入したらこうなるという例である。念のため。この手のことが苦手な方には「アナグラム　自動生成」というのがネットにあるので、利用されたい。　　　　　　　　　　　　（武藤　章）

第2章

あえて授業の型から
はみ出る

1万円札を破りなさい

関口竜一

　アットランダムに生徒をひとり指名し教室の前に立ってもらった。「政治経済」の授業は金融に入ったところだ。「これから私の言うとおりにしてください」。1万円札を取り出して生徒に渡す。みんな現金が出てきて興味津々だ。私は教室の後ろに行き、「1万円札です。みんなが見えるように高く上げて」…生徒たちはざわついてくる。ちょっとニヤニヤする生徒もいる。

　「では、その1万円札を破ってください」

　ニヤニヤした顔たちが「えっ」と声をもらす。命じられた生徒は私に問い返してきた。　「破っていいんですか」。

　「かまいません」

　彼は、一気に1万円札を破った。

　あぁ、、ええー？…

　少し間をとり教室全体に意識を向ける。…彼ら表情にさまざまな思いが浮かび上がってくる。

　〈こんなことはじめて見た…〉、〈なんで使えなくしちゃったの？〉、〈もったいない…〉、〈罪悪感〉…

　私は、1万円札を破いた生徒にお礼を述べる。「ごめんなさい。とてもいやな気持ちになったでしょう。でも、きみが悪いのではない。ありがとう」。

　そしてクラスに向かって問いかけてみる。

第2章　あえて授業の型からはみ出る

「しかし、どうしてこんな気持ちになったのだろう。みなさん、よく
みてごらん。これはただの紙ですよ」

不換紙幣、管理通貨制度、貨幣の機能…教科書の説明に目を向ける。
貨幣は物の価値をはかり、交換・支払いの手段であり、貯蔵の機能もは
たす——こうした重要な機能をもつものを「やぶって」しまったのだ。
しかし、まさに1万円札を破ってしまったからこそ、逆に、日常の中で
強くは意識してこなかった貨幣の重要性が浮き上がる。

少し話はそれるが、先生たちは「いのちの大切さ」を題目の如く唱え
る。しかし、「いのちの大切さ」を唱えただけで何が伝わるというのか。
「人権」も「主権」も「平和」もまた然りである。生徒の中で「いの
ち」が蠢動し、他者と共鳴しあってこそ「大切さ」がかけがえのないも
のとして根付く。「1万円札を破りなさい」も、生徒が貨幣の意味・意
義・価値を逆説的に「発見」していく、ひとつの試みのつもりである。

しかし、「貨幣の機能」を説明されたところで、すべてが了解される
だろうか。1万円札を破った後に生まれる後味の悪さは何だろう？
「貨幣の機能は～」と説明されても、どうしてもその「器」にしまい込
めない「苦さ」が残る。その「苦さ」から見えてくるものはなにか。

「いったいお金ってなんなのだ」。生徒はさまざまに書いてきた。

「価値あるもの」「その紙切れに価値があると信じている」「政府が価
値を決めていて、それに国民が従っている」「みんなの共通意識で価値
がついている物」「黄金や紙ではなく、その価値自身」「信用の権化」
「お金によって地位の格差が生まれる」「生きる上で欠かせないもの」
「人類最大の発明であり、争いの源になりうるものである」…。

「1万円札を破る」という扉を開けて、生徒は「信用創造」「金融政
策」「金融の自由化」、そして財政…と、日本の「今」を見ていくことと
なる。

59

補足　紙幣を破損したとき、手数料なしで新しいものと交換することができる。そのルールは以下の通り。

　紙幣の両面がそろっていることを前提にして。全体の面積がもとの面積の──

　　①３分の２以上ある場合……全額

　　②５分の２以上３分の２未満……半額

　　③５分の２未満であるとき……失効（引き換えできない）

　硬貨の場合は、表面の模様が確認でき重さがもとの２分の１以上なら全額引き換え、２分の１未満なら失効となる。

第 2 章　あえて授業の型からはみ出る

超能力を実演する

武藤　章

学校の非科学的な日常

　プール開きの前日になると、私は憂鬱になる。体育教師と口論になる
ことを知っているからだ。そう、プールに酒を注ぐという儀式のことで
ある。ガチガチの体育教師ならいざ知らず、民主的な穏やかな人まで、
お清めだか魔除けだか知らないが、この行為をこれ見よがしに行うのだ。
私は「陋習はやめろ」とか「政教分離に反する」とか抗議するのだが、
「自分のポケットマネーでやっている」だの、果ては「事故が起きたら
責任をとれるのか」である。私の経験したすべての学校でやっていたこ
とである。中には運動会練習の前日に校庭に酒をまくやつまでいた。学
校の非科学的日常はこれにとどまらない。有名なのが校長の話である。
「今日の運動会を晴天で迎えられたのは皆さんの心がけの〜」ってやつ
だ。同僚教師にも行事で悪天候になると「雨男（女）は誰だ？」とか騒
ぎ出す人がいて、うざいことこの上ない。

　自然現象に意味はない、ということを発見したのは近代科学主義の偉
大なる到達点の1つである。自然現象に限らず、偶然の出来事にも意味
はない。友達が交通事故にあったのは前日に君が悪口を言ったせいでは
ない。僕らは原因と結果を正しく結びつけられるよう教育されているは
ずだ。にもかかわらず、非科学主義、反知性主義は身近なところにはび
こっている。今の日本に、学校に求められているのはまさに「啓蒙」だ。

61

超能力の授業

　そうした使命に目覚めた僕が作ったのは、「血液型による性格診断のウソ」とか「星占いはあたるか」の授業だった。道徳や総合的な学習の時間にやらせてもらった。そして、いちばん僕自身が楽しんだのが「超能力はあるのか」である。

　ちょうど Mr. マリックなるタレントが手品を超能力と称してテレビで活躍していたころである。それ以前にはユリ・ゲラーだのスプーン曲げだのという時代があった。これに抗して作った授業だが、これは今でも通用すると信じている。要するに授業者が超能力を実演して、種明かしをするだけの授業である。一時期はやった「ガリレオ」や「TRICK」を思い起こしてくれればよい。

透視を演じる

　話をおどろおどろしくするために、山に行って雷に打たれたとかウソ話から始める。帰ってきたら封筒の中身を外側から読めるようになったと語るのである。「本当に読めるかどうか、やってみます」。

　生徒に封筒と A5 大の用紙を配る。用紙に文章を書いて封筒に入れてもらうのである。何か書けというと何書いていいのかわからないという生徒がいるので、「学校に入って一番うれしかったこと」「悲しかったこと」とかテーマを設定してあげるとよい。条件は、「用紙を横にして横書き」（勝手に縦書きにされると困る）である。自分で封筒に入れさせて、透けて見えないことを確認させる。封筒の封の部分を折るか折らないかは統一が必要。僕は30枚の封筒を事務室から借りてきているので、折らないように汚さないようにと指示している。

　これを僕が机を回って回収する。教卓に戻り、束になった封筒の一枚目を読む。「うーん、これはうれしかったことが書いてあるねー、あっ運動会のことかな」とか適当なことを言いながら「透視」している風を

装う。「わかった、運動会の障害走で一位になったこと、だ。これ書いた人」と言って手を上げさせる。すると、書いた生徒が手を挙げて、教室が騒然となる仕掛けである。僕は封筒を開けて、中身を確認して「うん、そう書いてあるね」。そして、２枚目、３枚目、と次々に透視していくのである。全員分、読めるけど、時間の関係で10通ぐらい読んで終わりにする。

　この手品の種をご存じの方も少なくないであろう。サクラを１人仕込むのである。僕はサクラさんの書く内容だけは知っている。封筒を回収するときにサクラさんの封筒は一番下に入れる。そして、一枚目、透視するふりをしながら暗記していたサクラさんの文章を読むのである。確認するときには違う人の文章が書かれているのだが、確認するふりをしてその文章を暗記する（意外に大変）。二枚目の封筒を見ながらさっき見た一枚目の文章を発表するわけである。これをずっと続ける。

　生徒の感想。「ちょーすごーい。カッコイイ先生」「本当にできるとは思わなかった。７枚全部読めてしまってめちゃめちゃすごい」「びっくりした！　本当にできるなんて思ってなかった」「メガネに何かある」「超能力なんてゼッタイ信じません。でもタネはわかりません」。

　これを演じると教師はヒーローになれるのである。できれば種明かしはしたくないのだけれど、主旨に反するのである。「ずるーい」と言われて権威は落ちる。

テレパシーを実験する

　前回の実験でサクラを使ったことを話したので、今回はサクラがいないのをやってみる。教室にいる生徒全員が職員室にいる１人の教員にテレパシーで１つの数字を送る。果たして、数字はその先生に届くのか。

　まず、１から５の数字を書いたカードを用意して、紙袋に入れる。ジャンケンを勝ち抜いた生徒（つまりサクラではない）が一枚取り出し

てみんなに見せる。この時、僕ともう1人の生徒（これもジャンケン選抜）には見せない。

　続いて5人の先生の名前を書いたカードを同じく紙袋に入れ、これまたジャンケン選抜の生徒が一枚選ぶ。そして、その先生に先ほど選んだ数字を生徒全員の「念」でもって送るのである。その後数字を見ていない生徒が職員室に行って、その先生に頭に浮かんだ数字を言ってもらう。大当たり〜！　このタネはぜひ皆さんで考えていただきたい。なお、先生5人は僕の仕込んだサクラです。これ、準備大変だった。

念力

　これは「利己的な遺伝子」のドーキンスさんに教えてもらったパフォーマンス（『進化とは何か』早川書房）。

　コインの表裏を5回連続で自分の思った方を出すことはできますか？という実験である。このクラスに念力を持った生徒が必ず1人はいるということを示す（クラスの人数が多ければ多いほど、超能力の力は高まるんだけど、1クラスの人数だと5回連続が精いっぱい）。

　クラスを右と左の2つの集団に分ける。右の生徒には表が出るように念じさせ、左の生徒には裏が出るように念じさせる。コインを投げる。表が出たら、右の集団の中に超能力者がいることになる。右の集団を前と後に分ける。前の生徒には表が出るよう、後の生徒には裏が出るよう念じさせる。裏が出たら、今度は後の生徒を二分割する。これを続ける。すると最後に、念じたことを全部実現させた1人の生徒が残るわけである。でも、彼は超能力者でも何でもない。ドーキンスは神秘的な現象、神秘的な体験を耳にしたときにこの実験を思い出そうと聴衆に語る。その神秘的な体験をする確率はどれくらいあるのかを考えよう。科学的な方法というものを頼りにし、信頼しよう、と語りかけるのだ。

　行事のたびに雨になる男は日本にきっとたくさんいる。それは確率の

第 2 章　あえて授業の型からはみ出る

問題である。プールや校庭に酒をまいても事故は起きる。それは酒と無事故の間に因果関係がないからである。同じように生徒の心がけが良くても雨は降る。両者に因果関係はない。神秘的なこと、気味の悪いことが起こった時にそれをそのまま受け入れるのではなく、解き明かそうとする心を育てたいものである。

民事裁判の起こし方

武藤　章

　私たち教員は日々葛藤を抱えながら授業をしている。労働三権を教え
ながら自分は組合に加入してなかったり、争議権を行使したこともない。
労働基準法を教えながら、自分はブラック職場や管理職のパワハラに甘
んじている。さらに言えば、自由権を教えながらブラック校則に目をつ
ぶっているのだ。生徒には「自分の権利のために闘え」とか威勢のいい
ことを言いながらである。この矛盾をどうするかはこの本の主旨ではな
いので、とりあえず自分の「権利のための闘争」を紹介する。教師自身
が闘う実物教材になるのである。

30万円を請求する
支払命令申立書
〈請求の趣旨〉
1　各自金36万××円
2　上記金額に対する平成▽年○月××日から支払い済みに至るまで
年５％の割合による遅延損害金
〈請求の原因〉
1　本件事故の発生
⑴　債権者は、○○区立××中学校に勤務する教師であり、債務者Ａ
は、平成▽年×月同中学校を卒業した者で、債務者ＢはＡの父、債務
者Ｃはその母である。

第2章　あえて授業の型からはみ出る

⑵　平成▽年○月××日午後二時三十分ごろ、○○区××町某外科病院裏にて、債務者Aが同日午後二時十五分ごろ、前記中学校で授業を受けていた生徒を教室から学校外に連れ出したことを知った債権者が、同僚の教師とともに右Aらを追いかけ、前記場所で追いつき、Aに連れ出した生徒を学校に戻すよう注意したところ、債務者Aは「うるせぇ」と言いつつ、いきなり無抵抗の債権者に対して殴りかかり、顔面に頭突き・殴打、腹部に殴打・蹴り等の多数の暴行を加えた。

２　責任原因

⑴　債務者A

債務者Aは、債権者に対し、前記暴行を加え、本件事故を惹起したものであるから、民法七〇九条により、不法行為責任を負う。

⑵　債務者BおよびC

債務者BおよびCは、従前より、その子である債務者Aが非行化していたことに気づきながら、その監督義務者としての義務に違反し、適切な教化、指導を怠ったことにより、債務者Aが債権者に対し前記暴行を加え、本件事故を惹起したものであるから、民法七〇九条により不法行為責任を負う。

３　傷害（略）

私はこうして殴られた

　裁判の授業でなにか良い実物教材はないだろうかと考える。私は唯一、証人が証言前に読む「宣誓」と題する薄っぺらい紙を持っている。「良心に従って真実を述べ〜」というやつである。裁判傍聴に行った時、すきを狙ってくすねてきた。

　それから、親が裁判員の候補になったと言って生徒がその書類を持ってきてくれたことがあった。コピーして使わせてもらったが、何か今一つ感をぬぐえない。

67

いちばんいいのは、冤罪で裁判にかけられて、自分が実物教材になることだけど、そうそう人は冤罪に問われない。第一そんなことになったら、例の99.9％で有罪になる確率だってある。そしたら授業もできず、というか教師廃業である。刑事裁判はもともと無理だ、あきらめよう。

　というわけで、民事裁判なら、自分で起こして自分が実物教材になることも可能なのでは、と期待するのである。

　しかし、そうそう民事裁判のネタは転がってこないのであった。遺産相続を争うにも私は１人っ子だし、人に貸すお金もないので、返還訴訟も起こせない。そんな時、事件が起きたのだ。

　荒れた学校ゆえに在校生に殴られる、という事態は経験している。でも、さすがに在校生相手に訴訟は起こせない。でもうれしいことに、卒業生が来てくれて事件を起こしたのだ（前記事故の発生を参照されたい）。

　私は事件の直後、病院で診断書をもらい（加療１週間）、その足で警察署にも行き、事件にしてもらう。警察は現場検証を行い、事件にすることを受けあってくれた。だが、その時、私にはもう１つの決意があった。すなわち損害賠償請求。

　在学中ならいざ知らず、卒業したなら卒業生として、大人のルールというものを教えてやる。人を殴っておいてただですむと思うなよ（言葉通りの意味）、社会科の教師を怒らせたらどうなるかを教えてやろうと思った。それともう１つ、実物教材が増えるかもっていう期待。

　ちょうど、この年、私の高校の同窓会が開かれていた。驚いたことに旧交を温め会った友人の中に裁判官１人、弁護士が２人もいた。そのうちの１人と連絡を取り、文頭の申立書作成となったのである。

　民事裁判とはどういうものか、文献を探れば、資料となる面白いものが見つかるだろう。だけど、他ならぬ目の前の教師自身が裁判を起こすことがミソなのである。裁判を起こしちゃう私は「自分の人権を侵されたら黙っていてはいけないよ」「民事裁判は個人の権利を守るためにあ

るんだよ」など大事なことを教えてくれる実物教材なのである。

調停、そして和解金は

　この事件、その後の経緯を蛇足ながら記す。

　友人の弁護士からいくら請求するか聞かれた。

　私「殴られた時の相場ってどのくらいなの？」

　友「うーん、５万円ってとこだね」

　私「じゃ、それでお願いする」

　友「でもね、５万円から始めると値切られてどんどん安くなっちゃうんだ」

　私「だったら、どうするの？」

　友「最初はふっかけてみよう、30万から行こう」

　かくして文頭の申立書となった。しょっぱなから裁判にしてもよかったのだけど、まずは事前に内容証明郵便で当事者に予告することに。要するに30万払ってください、払ってくれなきゃ裁判にします、という内容だ。

　予想された展開と言ってしまえばそれまでだが、加害者の家の選択は30万円を払うことでもなく、また自ら弁護士を立てて戦うでもなかった。私の勤務校の校長に泣きついたのだった。

　校長室に呼ばれた私。

　校長「武藤君、教育とは愛ですよ」

　副校長「30万という金額を聞いて、あなたの人格を疑いました」

　私は何を言われようとも人権の１つである「裁判請求権」を手放すつもりはなかったが、校長は見舞金でどうかという「調停」に出た。おっ、これも実物教材だ！　私は校長の提示額２万円で手を打つことにした。

　全国の教員の皆さん、卒業生の不法行為には断固たる態度を示しましょう（在校生については臨機応変ということで）。

「無」から生まれるお金の謎

瀬戸口信一

超能力者登場

　教室に入ると同時に小さな紙きれを配る。私は超能力者だ。君たちの心を読み解くことができると言いながら、配られた小さな紙切れに今自分が一番欲しいものを書きなさい、と指示する。書き終わったら見えないように四つ折りにして教卓に集める。みんなが私に注目する。ここに書かれているものを透視しますと言いながら集めた紙の１つを持ち上げ手に隠して呪文を唱える。お金という文字が見えてきました。みんなは唖然。隙を与えずにお金と書いた者は手を挙げなさい。というと必ず何人か手を挙げる。ここで「オオッ！」とどよめく。１枚目を開き中身を確認。次々と透視を続けるとお金以外のことを書いた者がでてくる。ここで○○と書いた人というと私に疑いの目を向けていた子どもたちも「すごい」「本物の超能力者だ」と驚愕。そこで種明かし。40人のクラスでお金と書く人は、必ず数名はいる。だから最初に「お金」といえば必ず手を挙げる者がいる。あとは１枚遅れで当てていくだけ。

1000万円札束、登場！

　ここで、袋の中から1000万円札束を取り出し机に置く。この札束のダミーは20年前にヤフオクで出会った。今は Amazon などネットショップで売っている。それ以来、お金の授業で愛用してきた。子どもたちは、1000万円という現金は見たことがない！もちろん100万円札束も。1000

第2章　あえて授業の型からはみ出る

万円札束のあまりの衝撃に「オオーッ！」「本物？」「偽札だ！」と騒ぎは収まらない。もちろん本物だよと言いながら子どもたちを教卓に集めてじっくり見せる。ここであらためてこの1000万円が欲しい人？と聞く。全員が元気よく挙手。「どうしてお金が欲しいの？はいせーの」声をかけると「何でも買える」とみんな同じ答え。

札束写真

さてこの1000万円欲しい人？　全員「はい欲しいです」ジャンケンで勝った人にあげるよと本物１万円を抜いた100枚の無地の紙切れを贈呈し、タネあかし。今日は、みんなが大好きなお金について勉強するよ。

この世にお金がなかったら？

　今の世の中にお金がなかったらどうなると思う？考えてごらん。「買い物ができない」「モノの値段が高いのか安いのかわからない」「貯金もできないよ」そうだね。現代の日本の社会やみんなの生活が成り立たなくなるね。

　まず第１に、お金がなかったらモノを買うことができない。卵10個がほしいとき、自分の持っているお肉と交換しなくてはならない。しかし、ちょうど卵を持っている人が、お肉が欲しいとは限らない。また卵10個と肉何グラムが等価値になるかわからない。お金はモノ・サービスの交換の道具だ。

　第２に、全く同じ商品でも値段がついていれば安い方を買うことができる。

　みんなも同じものを買うときに安いお店に行くでしょ。またクッキー１枚とチョコ１枚の価値を表すとき、お金がないと価値の大きさを比較

71

できない。

　第3に、お金は今すぐ使わない時、貯金箱に貯めたり、銀行に預ける。貯蓄すると、将来大きな買い物をしたり、また不安を取り除くこともできるね。

　こうしたお金の3つの働きを①「交換機能」②「価値尺度機能」③「価値保存機能」という。

ほんとに「1万円札」は、1万円の価値がある？

　こんなに大切な役割を果たすお金だけど、この1万円札という紙切れに本当に1万円の価値があるのか？　モノの価値ってどうやって決まる？　例えば1000万円の高級車と100万円の軽自動車は何が違う？「材料が違う」「複雑な機械の違い」「エンジン性能の違い」「手間暇かけて作っているかどうか」「ブランド力」などと自由に発言。これらのことをモノの「原価」という。では1万円札を作るのにどれくらいの「原価」がかかっていると思う？

　答えは、24円だ。「モノ」としてのお金は数字が印刷されたただの紙切れ。しかし、人間は24円の紙切れ欲しさに人を騙し、人を脅し、人殺しまでやる人がいる。なぜか？　この1万円という紙切れを出せば漫画本を何十冊も買うことができ、マックで何十個もハンバーガーが食べられる。逆に言うとお金がなければ何も買うことができない。生きていくこともできなくなる。

お金は、いつどのように生まれたのか？

1　物々交換

　原始時代、お金というものがなかった時代、人々は必要なもの・欲しいものと相手の持っているものを交換して生活していた。このことを「物々交換」という。

72

2　物品貨幣

しかし、必要なものがいつでも物々交換で得られるとは限らないので、みんなが欲しがるモノ（米・塩・布など）を共通のお金「物品貨幣」として使った。

3　金属貨幣

しかし、それらの物品貨幣は、「重い」「嵩張る」「壊れる」「劣化する」など欠点があった。そこで人々は次第に「金貨」「銀貨」「銅貨」などを貨幣にした。

4　兌換紙幣

現にある金属のお金だけでは貨幣が不足するようになり、紙幣が作られた。銀行で金銀と交換しますよと紙幣に記載（兌換紙幣）し、金本位制・銀本位制を始めた。

このような素材自体が商品としての価値を持つ貨幣を商品貨幣という！

そして、経済活動が活発になり規模が大きくなると、金の量が限られているので兌換紙幣の量を増やせなくなった。そこで政府は、1942年「日本銀行法」で日銀が持つ金の量に関係なく紙幣（不換紙幣）を発行できるようにした。金貨や銀貨と引き換えることをやめ、政府（日本銀行）が経済状況に応じて通貨発行量を管理するようになった。これを「管理通貨制度」という。

さて現代の日本で流通しているお金の量は、いくらくらいだろう？日本銀行の統計によるとお金の総量は、1370兆円だという。しかしそのうち一万円札や千円札などの紙幣は合計185億枚。金額にすると125兆円だそうだ。では残りの1245兆円のお金（紙幣ではないお金）はどこにあるのだろう？　子どもたちに考えさせたい。「硬貨じゃないの？」「株とかかな？」「国債っていうのもお金っぽい」「いつもお母さんはクレジッ

トカードでお買い物するわ」「うちの兄さんは、ペイペイで買い物しているけど、電子マネーもお金かな？」「うちは電気代とか携帯代を預金通帳からの引き落としで支払っているよ」まず硬貨はお金だけど額が小さいから問題にならない。株とか国債ってお金ではないよね。クレジットカードや電子マネーも実際は自分の預金通帳から引き落とされている。預金通帳の残高は、紙幣と同じ支払いに使える。紙幣でない残りの1245兆円のお金の正体は、民間銀行の預金通帳の残高の合計ということになる。

「お金」（紙幣と預金残高）は、どこでだれが作るのだろうか？

　毎年毎年、日本社会に流通するお金は増え続けているという。日本銀行の統計資料によると、20年前に比べ紙幣は2倍に、銀行預金残高は1.5倍になっている。こうして増え続けているお金は、誰がどうやって作り増やしているのか。

　まず紙幣から。紙幣は誰が作るの？本物の1万円札を子どもたちに見せる。「日本銀行券と書いてある」日本銀行が印刷して作ったお金だ。つまり日本銀行が日本銀行券を印刷して、社会に流通させているのだ。

　もう1つの紙幣でないお金（通帳預金残高）は、だれがどうやって作るのだろう？君たちが貯金するとき、銀行に現金を預けるよね。すると銀行の預金通帳の残高が増える。しかし、それは預けた現金をただ記録しただけのものだ。

　ここで、ポケットから自分の預金通帳の現物を取り出す。「中身を見せて！」「いくら貯金を持ってるの？」などひとしきり盛り上がる。そこで通帳の中身を開示する。30,000,000の数字が記載されている部分に注目させる。「宝くじに当たったの？」「何か悪いことをしたんじゃないの？」と突っ込みが入るが、ここは毅然として跳ね除け、とんでもない！これは、家を買う時に銀行から借り入れ（借金）をしたときの記録

第2章　あえて授業の型からはみ出る

だ。もちろん、借りたあとすぐに住宅会社に支払ってゼロになったし、今も毎月ローンを払っているよ。

　こうして個人や企業が民間銀行から借り入れをすると、預金通帳の残高が一気に増える。ということは、銀行から借り入れするときは、預金通帳に数値が書き込まれることで融資が実行されることになる。銀行の融資には、元手（お金）は、いらない。これにより社会のお金は増加する。つまり「無」からお金が生まれたのだ。このことを「信用創造」によるお金の誕生という。ペンで書いた数字のお金という意味で、こうしたお金を「万年筆マネー」とも呼ぶ。これは銀行の実務として日々行われていることである。

75

CMが語る日本経済史

武藤　章

　映像を使った日本経済史ということで、この本では、「三丁目の夕日」を使ったものが掲載されている。しかし、「三丁目の夕日」を全編見せることに抵抗を覚える読者もいることだろう。私が使っているのはテレビCMである。使い始めたころは写真と文章を資料にしていたが、現在はありがたいことにどれもネットから映像を取り出すことができる。

大きいことはいいことだ

　指揮者の山本直純が気球に乗って登場し、みんなと大合唱。「大きいことはいいことだ。おいしいことはいいことだ。50円とはいいことだ」商品は森永エールチョコレート。1968年の作品。この年、日本のGNP（当時）は1419億ドルとなり、イギリス、西ドイツを抜き、アメリカについで第2位となったのである。「大きいことはいいことだ」、の大合唱がこの時代、長大重厚の高度成長期をよく表現している。

　翌年、小川ローザが自動車の疾走にミニスカートをひらめかせる「オー！　モーレツ！」が一世を風靡した。丸善石油のCM。後に訪れる石油危機など知る由もなく、自動車は高速で、ガソリンを大量消費し、道路を駆け抜けていくのである。「モーレツ」は流行語となり、高度経済成長を支えた社員たちは「モーレツ社員」と呼ばれた。その名の通り、彼らはモーレツに働いたのである。当時の若者は丸善石油のガソリンスタンドに掲げられた小川ローザのポスターにくぎ付けになったものであ

る。

その2年後、中外製薬の栄養ドリンク、新グロモントのCMは「ガンバラナクッチャー」と歌う。高度経済成長も終盤を迎える時、モーレツ社員の悲痛な声が聞こえてくるような気がする。ちなみに中外製薬は石油ショック後、今度は「チカレタビー」を流行らせる。

じっとガマンの子であった

1973年、第四次中東戦争をきっかけにいわゆる「オイルショック」が始まり、日本は「低成長の時代」に入る。

この年、放映されたのが大塚食品の「ボンカレー」のCMである。笑福亭仁鶴が子連れ狼の扮装で登場し、一子大五郎に声をかける。「三分間、待つのだぞ」、そして「じっと我慢の子であった」と続くのである。日本は翌年から狂乱物価というインフレーションに見舞われ、戦後初のマイナス成長も記録する。まさに庶民にとっては「じっと我慢」の時代が始まったのである。

CMではないけれど、同じ年、交通標語「せまい日本、そんなに急いで　どこへ行く」が内閣総理大臣賞を受賞した。「オーモーレツ」の時代は終わったのである。

24時間戦えますか

そして、日本は「バブルの時代」へ。それを象徴したのが三共（現：三共ヘルスケア）の栄養ドリンク「リゲイン」のCMである。1988年放映。奇しくもバブル崩壊へと向かう年でもあったのだが、このCMソング「勇気のしるし」が大流行。「黄色と黒は勇気のしるし、24時間戦えますか」「はるか世界で戦えますか」この歌がバブル期に働く社員たちを鼓舞したのだった。歌ったのは時任三郎。キャラ名は「牛若丸三郎太」だそうである。何を隠そう、この私も荒れた学校で疲れていた自分

をこの歌で勇気づけていたという記憶がある。歌は「ジャパニーズ　ビジネスマン」と結んで終わる。働き方改革の現在、こんな歌が歌われたら大炎上だろうが、働けば働くほどお金が入ってきた時代であった。

　余談になるが、CMだけでなく、当時の漫画もまたその時々の世相を表している。高度成長を代表する漫画の1つが「巨人の星」（1966〜71）だ。主人公・星飛雄馬は血と汗と涙を流しながら努力して大リーグボールを完成させる。まさに一生懸命努力しさえすれば、成功が得られるというあの時代の漫画なのだ。「あしたのジョー」（1967〜73）もしかりである。いわゆる「スポ根」漫画を支えていたのは日本の高度経済成長なのである。だとしたら、低成長時代に入ったら、「スポ根」ブームは終わるはずである。その通り、漫画も競争とか目標達成とかのようなギラギラしたものではなく、日常の中でのささやかな成長を描くものに変わっていく。「ドカベン」（1972〜81）、「タッチ」（1981〜86）など。少なくとも天才殿間君は汗と涙を流さないし、上杉達也もしかりである。星飛雄馬も矢吹丈も最後は悲劇的な末路となるが、「ドカベン」も「タッチ」もそんな悲壮感はない。そんな漫画を示しながら日本経済史を語ってきた。

　そんな授業をやってきたのだが、近年気づいたことがある。今の生徒たちはもう「巨人の星」を知らない世代になっているのだ。授業で「星飛雄馬は何を流しながら練習していたでしょう？」と聞いたら、生徒から「そうめん」「音楽」と答えが返ってきた。どちらも真顔で答えているのだ。

　先日若い教師の実践報告を聞いたが、使っていた漫画は「巨人の星」ならぬ「進撃の巨人」だった。昭和は遠くなりにけりである。

第2章　あえて授業の型からはみ出る

「生理用品」から社会を考える

別木萌果

　男性にとってはもちろん、女性にとっても公の場で口に出しにくい「生理用品」というテーマは、実は社会科で扱うと多くの発見を私たちに与えてくれる教材である。本稿では歴史と「政治経済」・「倫理」の授業においてどのように扱うか提案したい。

「沈黙」によってつくられた生理用品の歴史

　生理用品の歴史を考えるうえで特筆すべきことは、そもそも史料が残っていないことである。なぜ史料が残っていないのだろうか？　史料が残っていないと何が問題なのだろうか？　生徒に問いかけてみると「別に史料が残っていなくても何も困らないのではないか」と返答が返ってくる。しかし、歴史は文献やモノによる史料によって記録され、語られるのであって、史料がなければ重要な歴史として考察したり議論したりすることができないのである。では、なぜ史料が残っていないのだろうか。これは理由が複数考えられるが、文章を書き残す主体が男性に偏っており女性の生理について書き残そうとしなかったこと、女性自身が恥ずかしいものと考え、実態を隠そうとしたことが挙げられる。このようなことを考えることを通して、生徒には「歴史として残るものと残らないものがあり、史料が残っていないことには何らかの理由がある」ということについて気付かせたい。

　そして、生理用品の歴史は女性差別の歴史と結びついていることにも

生徒に気付かせたい。平安時代〜鎌倉時代ごろから生理の血が「穢れ」として忌み嫌われるようになり、穢れた女性が入ることを禁じられた寺があったり、女性は血を出す罪によって血の池地獄に落ちるといわれ「血盆経」信仰が広まったり、生理中の女性と寝食を共にすると穢れるという理由で生理中の女性が「月経小屋」に隔離される地域があったりと、生理を理由とした様々な差別が日本各地にあったことがわかっている。そして、江戸時代まで当時の女性がどのように生理を処理していたのかは十分に文献が残っておらず、明らかになっていないのである。

　女性の生理の処理について明確に書き記されるようになったのは明治時代になってからである。婦人向け雑誌において、衛生的な処理方法や、外国製の生理用品広告が掲載されるようになる。しかし、このことだけを読むと生徒は「女性に優しい時代になったんだ」と思ってしまうのだが、そうとも言い切れない。富国強兵が推し進められた時代において、立派な兵を産み育てる母体が重視されるようになった結果、女性の健康について雑誌に掲載されるようになったのである。つまり、女性のためではなく、あくまでもお国のため、だったのである。

　戦後、やっと日本産の便利な生理用品「アンネナプキン」が登場する。アメリカにおいて使い捨てナプキンが発売されてから約50年も経ったあとのことだった。なぜ日本において便利な生理用品が発売されるのがここまで遅れたのだろうか？背景には、会社を持ちモノを作り売る経営者のほとんどが男性だったことが原因としてあるだろう。便利な使い捨て生理用品が登場するまでは、多くの女性は血で汚れた古い布を何度も洗って人目につかない暗い場所でこっそり干して繰り返し使っていたと証言が残っている。男性中心の社会と女性の沈黙が、生理用品の歴史をつくってきたのである。

　授業の最後には「現代では便利な生理用品を多くの人が使えるようになったが、生理についての問題はすべて解決されたでしょうか？　解決

されていない問題があるとすれば、なぜ解決されていないのでしょうか？」ということについて考えさせるパフォーマンス課題を提示し、今の自分も歴史を変える、または歴史を変えない主体であることに気付かせたい。

発見されて初めて社会問題になった「生理の貧困」

「倫理」の授業で扱うカントの言葉に「認識が対象に従うのではなく、対象が認識に従うのだ」という言葉がある。「生理の貧困」というテーマで言い換えるなら、「生理の貧困という社会問題（対象）を認識する（認識が従う）」よりも先に、「生理の貧困という問題があるんだな！と認識することによって、生理の貧困という社会問題（対象）が生み出される」のである、ということである。

筆者の勤務校では多くの生徒が「生理の貧困」という言葉を知らなかった。ICT端末で「生理の貧困」という言葉の意味を調べさせ、なぜ1つ数百円の生理用品が買えない状況が生まれてしまうのか考えさせた。「日本のユース女性の生理をめぐる意識調査結果」（2021年）によると、生理用品の購入・入手をためらったことがあると答えた人は全体の35.8%にも上ることが明らかとなっている。店で売られている生理用品の多くは1セット20個程度入っており、300円〜500円くらいであるため「なぜその程度が買えないのか」「お菓子を我慢すれば買えるのではないか」などといった批判の声もあるのだが、生理用品の使用量は個人差も大きく、生涯で生理用品にかかる費用は49万円に上るとの調査結果も報告されている。また、単にお金がなく買えないというだけでなく、恥ずかしさから周りの大人に買ってほしいと言えない、買えないことを周りに相談できない、といった問題も、「生理の貧困」が抱えている問題なのである。

生理用品が買えない女性は昔から存在していたと考えられる。ではな

ぜ最近になって社会問題として注目されるようになったのだろうか。背景にあるのは、コロナ禍で「生理の貧困」に悩む女性が増えたこと、ネットを通じて女性たちの声なき声がシェアされるようになったこと、世界各国で女性議員が増え女性の視点を入れた法改正が進むようになったことなどが挙げられている（NHK、2021年）。社会問題に対して「生理の貧困」という名前が付けられたことも、社会問題を世の中に提起するうえで重要な要素であるだろう。

　生徒は「日本は政治家の多くが男性だから、生理の貧困の問題に気付くのが遅かったのだと思う」、「2021年から学校の女子トイレに生理用品が置かれるようになった背景に、このような社会問題があり、その問題を問題だと提起してきた人たちがいるのだと思った」と話していた。

「生理用品」をトイレに無償で置くことは「ずるい」のか？

　「生理の貧困」の解決策として生理用品をトイレに無償で置くことがよく提案される。実際、都立高校の女子トイレには生理用品が置かれ、生徒は無償で使うことができるようになった。そのことを紹介した際に必ず出る意見として、「生理用品をトイレに無償で置くのは、女性だけ得をしている気がする。ずるい」といった意見である。授業でこのような意見が出なかったとしても、SNSの空間では定番の議論である。このような意見は「平等とは何か」について議論する格好のきっかけだろう。

　確かに、特定の人に税金が使われることに抵抗を示す人もいるだろう。一方で、特定の人（生理用品の場合は女性）のみが負っている負担もある。何もしないのが平等なのか、実質的な平等のために税を使うことが平等なのか、生徒に考えさせたい。

「生理用品」を授業で扱う際の懸念点とその克服

　生理用品を授業で扱うことをためらう教員もいるだろう。懸念点とそ

第2章　あえて授業の型からはみ出る

の克服を3点まとめたい。

(1)　男性教員が生理用品について語りにくい

　筆者が「生理用品の歴史」の授業案を提案したとき「あなたは女性だからこの授業ができるかもしれないが、私のような男性はできない」という意見を複数いただいた。しかし、その後2名の男性教員が生理用品を題材に授業を行った。単に1つの授業のネタとして淡々と授業を行ってもよいし、身近な女性がつらい思いをしているのを見たことがあるなど、自身が「生理」の問題に関心を持ったエピソードを話してもよいだろう。確かに、生理を経験したことがない教師が生理を経験している生徒もいる教室空間で生理について語るのはハードルが高いと考えられるが、生理は社会全体の問題であることを伝えることができる機会であると捉えるのはいかがだろうか。

(2)　生理用品について考えるのは生徒も恥ずかしい

　教師が生理について語るのにハードルがあるように、生徒も生理について考えることにハードルを感じるだろう。普段生徒同士でも話すことが少なく、恥ずかしい話題であると捉えている生徒も多い。生徒の内面にある恥ずかしさを克服するポイントは3点ある。1点目は、席を自由に設定し、1人で授業を受けてもよいし、仲の良い友達と近い席で授業を受けてもよいと伝えることである。安心して授業に反応できる空間にするだけで、授業に対する緊張感が解け、リラックスして授業を受けやすくなるだろう。2点目は、教師側が恥ずかしがらずに正直に、あるいは淡々と、授業をすることである。なぜこの問題を扱うのか話し、教師側の授業に対する姿勢を明確にすることによって生徒も授業の意図を理解しやすくなるだろう。3点目は、ICTを活用して語句を調べさせたり、動画を見せたりする活動を多く行うことである。手軽でわかりやすい情

報が多いと生徒にとっても授業に前向きに取り組みやすくなるだろう。

⑶　生理への知識がそもそも少ない

　発達段階や生徒の所属する学校のカリキュラムによっては、生理や生理用品への知識が少ない場合が考えられる。その場合は養護教諭や保健体育の教師と連携した事前学習をしてもよいし、YouTube など動画サイトにあがっている動画を見せてもよいだろう。近年は「生理用品」「生理の貧困」と検索するとわかりやすい動画が動画サイトに多く掲載されている。

おわりに

　教室において生理について扱うことは、多くの教師にとって心理的なハードルが高いだろう。それだけ生理は長らく女性の個々人がそれぞれにひっそりと抱える問題だったのである。だからこそ、社会科の授業で扱うことで、個人の問題に見える問題でも社会全体の問題であることを示すことができる重要なテーマである。

　ずっと見過ごされてきた生理に関する様々な問題を教室空間で議論し、他にも「個人的な問題」として個人の内面に隠されている問題がないか、タブーで語られていない問題がないか、問題を発見し解決しようとする生徒を育成したい。

参考文献
　「日本のユース女性の生理をめぐる意識調査結果」2021年4月
　NHK クローズアップ現代サイト「生理の貧困　社会を動かす女性たち」2021年4月6日
　田中ひかる『生理用品の社会史』KADOKAWA、2019年

第2章　あえて授業の型からはみ出る

痴漢冤罪を追体験する

扶川　聡

　私は早朝電車で通勤する。始業1時間半ほど前に職場へ着くと授業準備を始める。定時帰宅が目標の私だが、超過勤務は月約30時間。 多くの同僚は“karoshi”水準の労働時間だ。 私のオフピーク通勤は、周防正行監督の映画「それでもボクはやっていない」で痴漢冤罪が話題になった15年前からだ。今はどうか。英国政府の日本の渡航情報に、Reports of　inappropriate touching or“chikan”of female passengers on commuter trains are fairly common.（通勤電車で女性乗客に不適切な接触や「チカン」があったという報告はかなり多い）とある。“chikan”が“karoshi”と同様に世界に通じる日本語になる日も近そうだ。警察庁によれば、令和4年の痴漢検挙は2233件。うち42％が電車等だ。スマートフォン等による盗撮はこの3年間で30％増加し、5737件にのぼる。だが、これらの数字は氷山の一角に過ぎない。私のオフピーク通勤は、痴漢冤罪対策でもある。高校進学した生徒たちが、痴漢の被害者・加害者にならないよう願い、痴漢の主要な場面である通勤・通学電車を授業で扱っている。

これらはすべて「痴漢行為」です

教師：高校に入学したら電車通学する予定の人は、手を挙げて下さい。Aさん、あなたは電車に乗るときどんなことに注意しています

か。

生徒：発車時間に遅れない。車内が混むときには、背負いカバンは体の前に抱く。それに、大声でおしゃべりしない。…お年寄りや乳児を抱えるお母さんに席をゆずる。

教師：いいねえ。でも駅や電車で犯罪に巻き込まれることもあるから注意しましょう。特に通勤・通学時間帯の混み合う電車でよく起きる。この犯罪は…

　痴漢被害を受けたときに「これは痴漢行為（犯罪）だ」と認識できなければ、不快さをじっと堪えることにつながり、おとなしい女性を狙う痴漢の思うつぼになる。加害の場合も同じだ。「これ位しても許されるだろう」では済まされないと知ることが抑止になる。

〈駅・電車で行われる痴漢行為の例〉
①　スカートの上からお尻をなでられ、股間を押し付けられた。
②　スカートの中に手を入れて、お尻を触られた。
③　向かい座席の男がチャックを下ろし股間を見せてきた。
④　空席があるのに隣に座り、体を密着させてきた。
⑤　スマホで卑猥な画像を見せられた。

痴漢にはこんな刑罰が加えられる

　被害者は痴漢を処罰する法律を知ることで、「これほどひどい行為なのだ」と励まされ声を上げやすくなる。痴漢目撃者も被害者に声かけする勇気が出やすくなる。

教師：痴漢は犯罪です。その行為が犯罪であるかないか、どんな刑罰を与えるかは事前に法律で定められています。これを罪刑法定主

第2章　あえて授業の型からはみ出る

義と言います。

教師：例えば、痴漢行為の例①は、A〜Eのどれで裁かれると思いますか。

〈痴漢行為を処罰する法律〉

A　公然わいせつ罪　6月以下の懲役、もししくは30万円以下の罰金　以下略（刑法174条）

B　わいせつ物頒布罪　2年以下の懲役、または250万円以下の罰金。以下略（刑法175条）

C　不同意わいせつ罪　6月以上10年以下の懲役（刑法176条）

D　器物損壊罪　3年以下の懲役または30万円以下の罰金もしくは科料（刑法261条）

E　迷惑防止条例違反　6月以下の懲役または50万円以下の罰金　（東京都の場合、盗撮は、1年以下の懲役　または100万円以下の罰金。）

①はE、②はC、③A、④⑥はE、⑤はB、⑦はD、が適用される可能性が高い。ただし、あくまで個々の事例によって異なることに注意が必要である。

教師：「それでもボクはやっていない」の主人公、金子徹平が痴漢として逮捕される場面を見ましょう（弁護士と接見し、逮捕された時の状況を説明する場面をDVDで見せる）。

教師：逮捕にいたる場面をシナリオ風に整理しました。シナリオの登場人物6人を班で分担して読み合わせ、それぞれどんな気持だったのかを想像して下さい。

主人公の金子徹平は、就職面接に向かうため急行電車に乗る。超満員のため駅員に背中を押されて電車に入るが、ドアにスーツの後ろを挟まれる。体を動かして抜こうとした拍子に隣の女性に手が当たり「すみません」とあやまる。しばらくして「やめて下さい」という少女の声が聞こえた。

場面【1】駅のホーム　電車のドアが開き、人で混み合うホーム

　女子中学生：（後ろから徹平の右袖をつかむ）　痴漢したでしょ。

　徹平：（驚いた表情で振り向く）　えっ。

　通りかかった男：（徹平に近づく）　やましくないなら、事務室に行って話せばいい。

　駅員：（慌てたようすで）　事情は駅の事務室で聞きます。

場面【2】駅の事務室　女子中学生、徹平、通りかかった男、駅員が事務室に入る

　電車の女性：ドアに挟まった上着を引っ張っただけで、この人じゃありません。

（駅員は駅員室の前に立つ女性の言葉が耳に入らず、戸を閉める）

　徹平：大事な証人だから中に入れろよ。駅員さん、何で帰すんですか。

（慌てて入り口に向かい戸を開けるが、女性の姿はない）

場面【3】警察署への連行　パトカーに向かいながら話す

　徹平：何でなんですか。何もやってないんですよ。

　警官：詳しいことは署で聞くから。

　徹平：だってこれから面接なんですよ。

　警官：（なだめるように）　すぐ終わるから。

　逮捕には、裁判所が発行する逮捕令状による逮捕と「現行犯逮捕」の2つがあること、「現行犯逮捕」は令状が不要で一般市民でもできるこ

88

第2章　あえて授業の型からはみ出る

とを話す。女子中学生は徹平が痴漢犯人であることを確信し、駅員・通りかかった男・警官もその言葉を信じている。

> 教師：もし皆さんが徹平の立場だったらどうしますか。
> 生徒：私だったら駅員室に行かず、その場からダッシュで逃げる。
> 生徒：そんなことしたら、周りの人に捕まえられるんじゃない？

　まずは、そのままホームで話し合うことである。駅員に促されても絶対に駅事務室に行ってはならない。「私人逮捕」されたことになるからだ。駅員は「ここでは邪魔になる」とかいろいろ理由をつけて事務室に行かせたがるが、自分の責任にしたくないだけだ。

　駅事務室でも、駅長、駅員は事情など聞かない。すぐに警察（鉄道警察隊）を呼んで引き渡すように、というマニュアルがあるのである。では、どうするか。ホームで相手が納得しなければ、無視して去るか、逃げるということも考えられるが、女性が騒いで周囲の人に取り押さえられたりしたら、「やはり本当にやっていたに違いない」という心証を持たれてしまい不利になる。駅事務室に行かない、逃げもしない。とすればベストの策は女性に名刺など連絡先を渡すことである。「それはいやな思いをしましたね。でも私ではありません。だから逃げも隠れもしませんよ。でも今は会社に行かなくてはならないので、何かあればここに連絡して下さい」というのだ。名刺がなければ免許証を見せてもよいし、電話番号、住所を教えてもいい。警察は、令状請求しなくては逮捕できなくなる。

（栗野仁雄『この人、痴漢！と言われたら』中公新書ラクレ、2009年、p167より抜粋）

89

痴漢被害の前にできること

教師：〈 駅・電車で行われる痴漢行為の例①～⑦ 〉を参考に、
（A）駅や電車内で痴漢に遭わない工夫、（B）痴漢と間違えられな
い工夫を考えましょう。

（A）は、電車内の混む場所であるドア付近・連結部分を避ける、女性
専用列車を利用する、他の女性の傍に立つ、友達と一緒に乗る。（B）
は、エスカレーターで女性の後ろに立たない、スマホを手に持たない、
カバンやつり革を両手で持つ、などが有効だ。
　生徒には「通学電車で痴漢に遭い続けた女子高校生が、痴漢を防ぎた
い一心で、母と一緒にバッジを作り、身につけた〈私は泣き寝入りしま
せん〉。その行動が共感を呼び、デザインを公募したバッジが製品化。
新学期に合わせ、販売が始まった」（朝日新聞2016年4月8日付夕刊）
を紹介した。その後、2022年には第8回「痴漢抑止バッジデザインコン
テスト」が開かれ、支援者の援助で缶バッチの無償配布も始まっている。

第2章 あえて授業の型からはみ出る

水俣湾の「ちりめん」を食べる

扶川　聡

　わが家の朝食は、トーストとヨーグルトに甘夏の手作りジャムをそえる。冷蔵庫には、「ちりめん・しらす」を常備する。夕食の「しらす丼」にして良し、そのまま子どものおやつやビールのつまみにしても旨い。おすすめは、杉本水産の「ちりめん」だ。漂白・殺菌剤（過酸化水素）を使わず、自然塩を使用する。杉本水産は、水俣の漁師である杉本肇・実さん兄弟の家族経営だ。杉本家は山の畑で甘夏も無農薬栽培しており、私はジャムの材料に注文している。肇さんの父雄、母栄子、祖父、祖母は水俣病患者で、第一次訴訟の原告だ。長男の肇さん、弟の実さんも水俣病の症状がある。肇さんは、実さんと親戚の鴨川等さんの3人で、コミックバンド〈やうちブラザーズ〉を2000年に結成し活動している。水俣病の語り部をしていた母の死後は、水俣病資料館の語り部を引き継いだ（以下敬称略）。尾崎たまき『みなまたの歌うたい』（新日本出版社、2021）は、豊富な写真で杉本家を紹介する。家族が歩んだ苦難の道は、藤崎童士『のさり』（新日本出版社、2013）に詳しい。

　これまで私は、劇症型水俣病患者の悲惨な写真を見せ、国や企業の過失・不正を糾弾する授業をしてきた。しかし、それは生徒にとって忌まわしい記憶でしかなく封印される。生徒の心に残り思い出されるのは、水俣病患者・家族の前向きに生きる姿ではないか。こう考え、水俣病の授業を〈やうちブラザーズ〉から始めることにした。

91

〈やうちブラザーズ〉のステージで笑う

　「今日は水俣で生まれたコミックバンド『やうちブラザーズ』を紹介します」と You Tube にアップロードされているステージを見せた。出し物「2人は1つ」では、ハーちゃん（肇）の司会で、ミーちゃん（実）、ヒーちゃん（等）が芸を披露する。その1つ「ミヤマクワガタ」は、ミーちゃんの背中に頭を下にした逆さま状態で抱きついたヒーちゃんが、ミーちゃんの頭の両側から足をバタバタさせ、クワガタ虫の大顎の動きを再現する。奇抜でしかもクワガタの雰囲気が伝わる一発芸だ。生徒は思わず見入り、教室のあちこちでクスクス笑いだす。歌は「We Love My Mother」。ヒーちゃんが農業用コンテナの上に置いたポリタンクを両手のバチで叩きリズムを取る。ミーちゃんは楽器を演奏し、ハーちゃんが歌う。独特のリズムとおかしい歌詞は一度聞いたら耳から離れない。

> 「We Love My Mother」作詞作曲　杉本肇　「みなまたの歌うたい」p62
> ウイーラブ　マイマザー　アイラブユー　マイマザー　夏の暑さに耐えぬくことは　何もしないことなの　かあさん　動かない浜のトドの様です　テレビの前の　座敷トド　（略）とても　大好きなんだよ　かあさん　あなたが一番　あなたがここに居るだけで　とっても幸せ

杉本水産の「ちりめん」を食べる

> 教師：（3人の写真を見せ）ハーちゃん、ミーちゃん、ヒーちゃんのうち、ブラザーつまり兄弟はどの2人でしょうか。歌に出てくるお母さん（写真）は杉本栄子さんです。
> 教師：普段、杉本肇さんは実さんや父母と一緒に水俣湾で漁師をし

第2章 あえて授業の型からはみ出る

ています。（杉本水産の「ちりめん」を取り出す）これが肇さんた
ちが、漁でとった魚です。食べてみたい人はいますか？（数人に試
食させ、感想を聞く）
教師：漂白・殺菌剤を使わないだけでなく、天日で乾燥させミネラ
ル豊富な自然塩でゆでています。だから、ちょうど良い噛み応えで、
しかも味が濃い。美味しいわけです。
教師：ところで、肇さんが小学校5年の時、杉本家の生活はどん底
でした。当時の様子を父親の雄（たけし）さんに聞いてみよう。
（雄の証言を視聴させる）

　1969年、水俣病に苦しむ漁民はチッソを相手に訴訟を起こした。杉本
家の茂道村からは4軒が参加するが、次々にチッソの切り崩しにあい、
杉本家だけが裁判を続けていた。それに対し、村人から小石や汚物を投
げられたり、「家に火をつけるぞ」と脅されるなどの苛めが続く。米屋
は米を売るのを拒み、肇たち5人の子どもは栄養失調寸前になっていた。
雄の叔母が杉本家の夕食時に訪ねてきた時のこと。「この日の食事も自
分の畑で収穫した小麦（メリケン粉）を団子状にこねて茹でた団子汁と、
天ぷら粉で揚げたカラ芋である。次男の優（まさる）が思いつめたよう
な顔で叔母に向かい、力なく言った。『…おばん、おばんげな（叔母さ
んのところには）、米はあっとかい？』『あるよ、なして？』『おっげん
どま（うちらは）、もう十（十日）ばっか米ば食うとらんばい』『いつも
なんば食っとなー？あんだらー？』『…団子汁だけばい』優が発したそ
のひと言で、雄と栄子は今自分たちがしている裁判が、これほどまでに
子どもたちを追い詰めていることに改めて気づいた」（『のさり』p159）。
この時のことを雄は「もやいの海〜水俣・杉本家の40年〜」（NHK、
2001年放映）で涙ながらに証言している。栄子も水俣病で体が動かず痛
みに苦しんだが「一番つらかったのは差別だった」と語っていた。

93

水俣病について調べる

教師：杉本肇さんの家族は、なぜお米を売ってもらえなかったので
しょうか。その理由は、1969年、杉本家など水俣の漁師たちが地元
の化学工場チッソを裁判に訴えたことと関係があります。
① なぜ、水俣の漁民達は裁判を起こしたのか理由を調べよう。
② 杉本さん一家が、米を食べることができなかった理由を考えよう。

　生徒は「水俣」「1969」を手がかりに、教科書などを使って調べ「水
俣病」に気づく。その後、（ア）水俣病患者が発見された当時、伝染す
る奇病として恐れられたこと、（イ）工場から排出されたメチル水銀が
食物連鎖により生物濃縮し人に至ったこと、（ウ）チッソの企業城下町
であった水俣では漁民は少数派・経済的弱者であり、患者と家族に対し
て苛烈ないじめが行われたこと、をスライドや動画で説明する。すると、
しだいに杉本水産の「ちりめん」を試食した生徒の顔が不安げになる。

生徒：先生、さっきの魚は水俣湾で獲れたんですよね。
教師：そう、だから水俣の魚には有機水銀は含まれて…います。
生徒：えーっ。

　有機水銀は自然界に存在しており、水俣湾に限らずどの海で獲れた魚
にも微量が含まれる。マグロのように妊娠中は食べる量に注意した方が
いい魚もある。（厚生労働省「妊婦への魚介類の摂食と水銀に関する注
意事項」）しかし、水俣湾では、1997年に安全性が確認され漁業が再開
されており、しかも「しらす」のような稚魚は水銀がたまりにくい。そ
れをふまえて杉本家は「しらす」漁を選び、さらに独自に検査機関で水
銀濃度を調べている。「毒を食らった人間が、人様に毒を食わせるわけ

94

第 2 章　あえて授業の型からはみ出る

にはいかん」が杉本栄子の口癖だった。1973年、裁判で勝訴したが水俣
の魚は売れない。そこで杉本家は補償金で山林を購入し、無農薬で甘夏
ミカンを栽培するようになった。

「やうちブラザーズ」という生き方を考える

> 教師：杉本肇さんにも水俣病の症状があります。漁師のかたわら、
> 語り部と〈やうちブラザーズ〉の活動を通して、水俣の人たちに何
> を伝えようとしているのでしょうか。

　生徒は肇の活動をどう考えたのか。「語り部では、ありのままの体験
談、自分たちが受けた嫌がらせや疎外を正確に伝え、やうちブラザーズ
では子ども向けに水俣病のことをお笑いを通して認知してもらおうとし
ている」「暗くなっていく水俣を歌や笑いで明るくしようとした。また、
どんな時でも支えてくれる沢山の人に感謝を伝えたい」「水俣病にか
かってしまった人たちの辛さ、そしてたとえ水俣病にかかっていても心
を明るくすることはできるということを伝えている」。

　授業から３ヶ月後、卒業式の数日前。給食時間に３年教師の選んだ曲
を流す企画があった。私は、太平洋戦争の授業で紹介した〈やなせたか
し〉の「アンパンマンのマーチ」と〈やうちブラザーズ〉の「We Love
My Mother」「みいちゃんの歌」を選んだ。放送終了後、廊下を歩いて
いると「We Love〜♪」と歌っている生徒がいた。「みいちゃんの歌」
の歌詞「暗闇は怖くはないかい？　だいじょうぶ　だいじょうぶ　お日
様が必ず沈むし　そして必ずまた昇る」は、水俣病患者から生徒への
エールでもある。

授業づくり あれこれ

日達　綾

　「授業が面白い！」と生徒たちに言われたら最高に幸せ。その一瞬を夢見て授業をつくり続け、気がつけば30年近く。失敗も後悔も数知れず…。担任するクラスを初めて持った時、自分の力の無さが本当に嫌になりました。それから時間が経ち今に至るまで特別なことではないけれど、見つけてきたものがあります。「これは違うな」「これは使えるかも」と、次の文章のＡ、Ｂを選択しながら自分と目の前にいる生徒たちをイメージしてみてください。正解はないと思います。「分からないと思ったら、生徒に聞くんだ」と昔、先輩に言われました。「自分なりの何か」を見つける参考にして頂けたら嬉しいです。

〈その１〉授業の始まりの問いにどちらを選ぶ？
→Ａ「この人物の名前は？」／Ｂ「この人物の写真から気づいたことは？」

　私だったら、Ｂです。なぜなら、Ａは人物の名前を知っていなければ発言できない。Ｂは気分がのっていない、自分たちの話に夢中！　なんていう生徒でも発言を引き出し、授業に巻き込む糸口を見つけられる可能性があるからです。授業のはじまりは、全員が参加できるネタ、問いでスタートです。

第 2 章　あえて授業の型からはみ出る

〈その 2 〉人物写真資料を見て「この写真の人物は励ましても
らっているようだ」と生徒が発言した。次の展開はどうする？
→Ａ「どうしてそう思ったの？」／Ｂ「励まされているって思ったんだ
ね」

　Ｂでも良い場合もあると思います。ちょっと急ぎ足で授業を展開した
かったり…、生徒が話をしたくなさそうにしていたり…。でも私は大抵、
Ａです。「周りに寄せ書きに小さく応援メッセージがある」、「隣の人が
優しい顔で肩に手を置いている」など、中には、授業者も意図しなかっ
たようなことに気が付く子がいます。そんな時は「よく気がついた
ね！」と私が感じたことを素直に表現します。時には大きく褒め「すご
いね！」と一緒に喜ぶと、高校生でも本当に嬉しそう。私語が止まらな
かったその生徒の周囲の仲間たちともグッと距離が近くなることもあり
ます。教室の雰囲気が楽しくなります。

〈その 3 〉板書は細かく詳しく書いた方が分かりやすい。

→Ａ：YES ／Ｂ：NO

　私はＢです。書かれている文字が多いと、読まない生徒もいます。集
中が続かなくても分かるような工夫が「言葉は少なく、文字も少なく」
です。次の手順を説明し「はい、作業に入って」と言われても、「でっ、
何するの？」と取り掛かれない生徒もいます。耳から入る情報だけでは
足りない場合がほとんどです。私自身がそのタイプだから良く分かるの
です。「聞いてない！」とダメ出しをするより「ここ見て」と作業手順
をシンプルに書いた板書を指し示す方がお互いに楽。問いも作業内容も、
出来るだけシンプルな短文で板書します。生徒たちに意見を聞く際は、
「あなたの言いたいことはこれで表現できている？」と確認しながら板
書します。また、考える時間に差がつくようだったら、先にノートに書
けた生徒に自身で板書してもらいます。発言が流れず、教室にいる私た

97

ちの思考を深める手がかりになると感じています。教室をまわりながらノートを確認し「自分の意見が書けたね。」、「いいね！」など声かけをしながら、ノートに丸印をつけます。先生が近くにくるだけで「おっ、やらねば！」という雰囲気になり慌てて教材を出したり、ノートを書き始めたり。花丸でニコニコする生徒もいます。教材が出ていなかったり、寝ている生徒に声かけもできます。板書にイラストを入れるのもオススメです。得意、不得意に関わらず仲間同士で見比べて楽しんだり、「個性的なお城だねぇ？」と、生徒への声かけの糸口になり意欲を高められます。

〈その４〉授業中の説明は、細かく詳しくした方が分かりやすい。
→ Ａ：YES ／ Ｂ：NO

　発達障がいの専門家から「生徒にとって先生の声は、雑音です。」と伺ったことがあります。「聞く」というのは結構な集中を伴います。それなので指示は短く簡潔に、集中を持続しやすいように。次は「〜してください」より次は「〜です。」の方が言葉を短くできます。テストの指示文も「〜から選びましょう」ではなく「〜から選べ」が文字数を削減できます。また「先生が話す時間は、生徒が話す時間を奪っている」と先輩から聞きました。あれこれ思考をめぐらし学ぶ場が教室だとしたら、分からないことを調べシェアしたり、対話しながら自身の思考を深める時間を保障したい。そのために、教師は「え〜と」などの余計な単語は間違っても挟まない。短い語句を選び、簡潔に話をします。作業指示などは、単語の羅列になるくらいまで短く話す時もあります。

〈その５〉授業中自分の席ではない場所に座っている生徒がいます。どのように声掛けをする？

→Ａ「自分の席に戻ろう」／Ｂ「自分の席に戻りなさい」

　そもそも「自席で学習する必要があるのか」という授業規律への問いがあります。しかし自席での学習を促す場面が教室では起こり得ると思うので、ここではそれを前提に話をすすめます。同じ声かけでも「〜しなさい」ではなく、「〜しよう」と伝えると、教師の指示に従いなさいメッセージから、自身に判断の余地を残すメッセージに変わります。それは「あなたを信頼しているよ」という意味も込められていると思うのです。それなので私はＡ。クラス全体の前で伝えても行動に移すことが難しそうかなと判断したら、何か用事がある風にその生徒の隣に行き、サラッと「自分の席に戻るよ〜」と言います。前ではなく隣。「あなたの人格を責めている訳ではない。行動を改めて欲しい」という意図をボディメッセージで伝える。それでも自席に戻らない時もあります。その時間はそっとしておきます。機嫌が悪いのかもしれません。隣の生徒と喧嘩していたのかも。授業が終わってから、廊下に呼びます。「どうして戻らなかったの？」と聞きます。「そんな風に考えていたんだ」と受け止めます。説教をするのではなく、「何で、戻らなかったのかなぁ」と、自分自身で行動について思考を整理することをサポートします。本人が「あぁ、そうか」と思ったかなというタイミングに、「次はどうする？」と促すこともありますし、そんなことをしなくても、「次は、自分の席に行く」と、すすんで言うこともあります。ポイントは、集団での行動であっても、１人ひとりを呼ぶこと。廊下の端っこなど不十分であっても、その時に出来る範囲で個人で内省できる空間をつくる。１番良いタイミングは、改善してもらいたい行動をした直後。時間が空くと「それでいい」と誤った認識が本人に強まります。職員室においでと言っても、忘れてしまったり、すっぽかしてしまったりする場合があり

ます。改めて欲しい行動を生徒がしていたら間髪入れず「こうしよう」と促した方が、心に届くことが多いです。帰りの会後の掃除をサボったら、翌日、必ず呼ぶ。「この先生は、ちゃんと見ているんだな」と感じることで、大きな声を出して怒鳴らなくても、次はサボらなくなることが多いです。もちろん、ゆっくりじっくり話を聞く必要がある時には、休み時間や放課後に呼ぶこともあります。一度、合意が出来れば次の機会には、目で合図したり、その生徒の机を軽く手でトントンとするだけで、「あっ！」と気づき行動が改まることもあります。教室に入り「騒がしいなぁ」「静かにしようと言おうかな」と思っても、一呼吸置くだけで、自分たちで気づき、行動出来たりします。出来るだけ生徒たちに自身で気づき行動ができるよう支援することが大切かなと思っています。お互いいい雰囲気で授業をすすめた方が意欲が上がる。そうそう「先生はいつも上機嫌」を目指しています。もちろん疲れたり、心がモヤモヤすることもあります。それでも空元気（涙）。

〈その６〉生徒たちが４人グループで調べ学習の時間を持った。各グループの報告を、視覚的情報とスピーチでクラス全体にする場面。どの方法を選ぶ？

A　教員が黒板をグループの数でマスに区切る。次にそれぞれのマスに班の数字を書き入れる。各班の生徒たちは、報告内容のキーワードを自分たちの班のマスに書く。

B　各班ごとにオンライン上でカードを配布。各グループの調べ学習の内容が記入されたカードを、生徒たちが自身の端末で共有する。

　これはAもBもという感じです。もちろんBも使います。でも私はAが好きです。１カ所をみんなで見ることで、１つの課題にみんなで取り組む楽しさを感じられるからです。生徒たちは黒板に文字や絵を書くこ

第 2 章　あえて授業の型からはみ出る

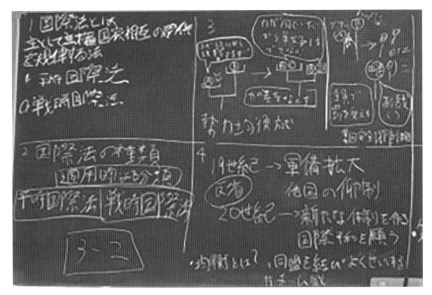

自称：マス区切り法

とが大好き。「あーでもない、こーでもない」と板書内容をリアルタイムで全員で確認でき、盛り上がります。教員がパパッと黒板を区切り、生徒たちに板書してもらうスペースを確保するだけで、満足度が高い方法だと感じています。「板書記入は○分まで」とあらかじめ板書しておき、遅れているグループの様子を見に行き支援します。板書を終えたらグループごとに口頭で報告会。その際の視覚的情報が助けになるよう「板書の言葉はキーワード、イラスト大歓迎」と声かけをします。

コラム

隠し剣シリーズ　その2

教育剣　ツバメの糞

「ステルス導入」

　私は導入にこだわる人である。最近は「導入は前時の復習」などということが常識になりつつあるようなのだが、とんでもない話である。それは、教員が教室に入ると生徒みんなが教科書とノートを開けて待っているという、お上品な学校の話だ。大変な学校では、休み時間の余韻を残す生徒たちをこちらに集中させるひと手間が必要なのである。

　しかし、私にはもう1つ、導入にこだわるわけがある。教員の皆さんは最初の授業で「何のために社会科を勉強するのか」というそもそもの話をすることだろう。ホンネは受験に必要だとか、学習指導要領にあるからだ、とかあると思うんだけど、そんなことばらす教員はいない。もっともらしいことをとりあえず、言っとく。私も適当な話をでっちあげる。それで済む。問題は個々の授業なのだ。

　「先生、何で北海道の農業について学ばなくてはいけないんですか？」

　「それはだな…」

　もちろん答えられるものもあるけど、全部じゃない。この質問が私の恐怖なのだ。私の対策はこうである。その質問が出る前に授業に入ってしまおう。楽しい授業ができるかぎり、授業に入ってしまえば、こっちのものである。

　私の授業を受けている、ある生徒の感想。

　「武藤先生が授業の初めにする雑談がとても面白かったです。その雑談からうまく授業につながり、楽しく授業を受けられました」

　気づいた時にはもう授業に入っている。その時、何でこの授業を受けなくちゃなんないのって思っても、私は「楽しいからいいじゃん」と澄ましていられるのである。私はこの導入をひそかに「ステルス導入」と名付けている。今回はその導入を1つ紹介する。

ツバメの巣を見上げていると

　山登りが趣味である。一年中登るが残雪の美しい春の山が一番好き。生徒にその時の下山時に起きた出来事を話す。

　麓の停留所でバスを待っていた。地方のことゆえ、次のバスまでだいぶ時間がある。私は停留所の屋根に作られたツバメの巣を観察し続けることになった。親鳥がヒナに頻繁にえさを運ぶ、あの風景である。見ていると不思議なことに気づいた。親鳥が出かけた後、ヒナが巣から出ようとする。それもお尻から。いや、出ようとしているのではない。お尻を巣の外に突きだして糞をしているのだ。驚いた。ツバメのヒナは生後どれくらいだか知らないが、トイレットトレーニングができているのだ。人間に例えてみれば、生後数週間の赤ちゃんが突然立ち上がりトイレに行き、便器に座り、事をすまして水を流して戻ってくるということである。そんなことがあったら、ホラーである。ツバメのヒナにできることがなぜ人類にできないのか？　答えは本能。ヒナは本能で糞の出し方を知っているが、人間の赤ちゃんはそれがないので、親から教わるしかない（できるまでオムツだ）。人間は教育を受けなければ、人間になれない動物なのだ。

　てな具合に、山の雑談から「教育を受ける権利」の授業にいつの間にか入ってしまっているのである。ここから、ポルトマンの「生理的早産」の話やアマラとカマラの話に発展していく。こーゆー授業の入り方が私は大好き。こーゆー授業をやっていると、自分は芸を磨いたな〜って感じる。

　ちなみに赤ちゃんにも本能はあってその１つが何かあったら泣く、である。泣くという行為は横隔膜と腹筋を交互に動かし、そのタイミングで口を開けるという動作でトレーニングさせることはできない。だから、泣く子には勝てないのだ。　　　　　　　　　　　　　　　　　（武藤　章）

第3章

身近にある
「なぜ」を追う

父親は誰だ？
──父親の推定と LGBT

菅澤康雄

性別変更は増え続ける

　ある教科書に「ライフスタイルと平等」という小見出しを付け、夫婦別姓制度と LGBT の 2 例が紹介されている。夫婦別姓では2015年判決が引用され「夫婦同姓を認めた民法の規定を合憲と判断したが、夫婦別姓については国会での議論を求めた」と記述。一方、LGBT は「LGBT とよばれる性的指向や性自認に関する少数者への不当な偏見や差別も、見直されなければならない」とあり、同性婚やパートナーシップ制度、性同一障害者特例法に言及している。そして欄外に、性別の変更に性別適合手術を受けることを求めた性同一性障害者特例法は、憲法に違反するとして提訴したが、最高裁は2019年の判決で、合憲判決を下したことを紹介している（2023年10月25日、最高裁は憲法違反と判断）。

父親は推定で決まる

　司法統計によれば2004年の性同一性障害特例法施行から2023年までに、すでに12000人以上が戸籍上の性別を変えている。

　LGBT は女性同性愛者、男性同性愛者、両性愛者、性自認が出生時に割り当てられた性別とは異なる人で、性的マイノリティを表す総称だ。LGBT の授業は、当事者が教室に存在すると考え、様々な配慮が必要である。LGBT に関する授業として構想してみた。テーマは「父親は誰だ?!」である。まず、父親の規定を民法から見てみよう。

第3章　身近にある「なぜ」を追う

　民法772条1項　妻が婚姻中に懐胎した子は、夫の子と推定する。

　このように法律は父親を「推定」で決めている。母親はすぐに特定できるが、父親は特定できない。民法は妻が妊娠し子どもを出産した時、子の父親は婚姻関係にある夫であると「推定」する。
　裁判所は父親をどのように推定するか、まず事例1を読み合わせてみた。

DNA結果より法律が優先

事例1

　妻Aと夫Bは法律婚をしていた。2人は仲が悪いものの同居を続けていた。ある時からAはCと交際を始め、妊娠しDを出産した。Bは生物学的に自分の子ではないとわかっていたが、2人の子として出生届けを提出した。その後、2人は協議離婚し、子の親権者を母親Aにした。離婚後、BはDの父親ではないと主張して、親子関係を取消す訴えを起こした。DNA検査の結果によれば、CがDの生物学上の父親である確率は99.999998％であった。

　事例1を説明し、生徒に「Dの父親は誰だ？」と質問する。ほとんどの生徒はCと答えるだろう。DNA鑑定の99.9…8％が決め手だ。「推定」よりも科学的データの方が信じられる。それでは最高裁の判断は？

最高裁判断

　夫と子との間に生物学上の父子関係が認められないことが科学的証拠により明らかであり、かつ、夫と妻が既に離婚し、子が親権者である妻の下で育てられているという事情があっても、子の身分関係の法的安定を保持する必要がなくなるものではないから、上記の事情が存

107

在するからといって、民法772条による嫡出の推定が及ばなくなるものとはいえない。

最高裁はＤの父親はＢと判断した。民法772条を適用して、科学的な根拠よりも民法の条文を優先したわけである。ほとんどの人はこの判断を理解できないだろう。生徒に「この判断、おかしくないか？」と問いかけたい。

やっぱり法律が優先

次は、性同一性障害特例法に関連する「父親は誰だ？」を取り上げてみよう。事例2を読んで「役所の不受理は正しい？　それとも間違い？」と、生徒に尋ねてみたい。

事例2

Ａさんは、2008年に性別適合手術を受け、性同一性障害特例法の適用により戸籍が女性から男性（性別変更は戸籍に書かれている）になり、Ｂさんと結婚した。2009年、第三者から精子提供を受け、人工授精により男児Ｃを出産した。ＡさんとＢさんは役所にＣの出生届けを提出したが、父親はＡさんではないと判断して受け取らなかった。

1審の家庭裁判所は、男性としての生殖能力がないことが戸籍記載上から客観的に明らかであり、子を夫婦の嫡出子として推定することはできない、と判断して、父親として認めなかった。2審も同じ理由で認めなかった。役所の不受理を正しいと判断。それでは最高裁は？

最高裁判断

性別変更を行って変更を認められた者については、妻との性的関係

第 3 章　身近にある「なぜ」を追う

によって子をもうけることは想定できない。しかし、一方で性別変更した者に婚姻することを認めながら、民法772条による嫡出の推定の適用を妻との性的関係の結果、もうけた子でないという理由で認めないことは妥当でない。したがって、Ｃは民法772条の規定に従い、嫡出子としての戸籍の届け出をすることは認められるべきである。

　最高裁は民法772条を適用して、Ｃを夫の子どもとして認めるべきだと判断した。婚姻を認めたのだから、2人は法的な夫婦であり、夫婦の間の子どもは、人工授精（夫の精子でも第三者の精子でも）による出産であっても、夫が父親と認定されると述べている。生殖能力の有無ではなく、法的な夫婦関係を重視した。
　次の事例3はやや複雑であるが、考えてみよう。

裁判所も迷う事例

事例3
　2019年に男性から性別を女性に変えた40代の女性Ａさんと、自身の凍結精子を使って生まれた長女（2018年生まれ）と次女（2002年生まれ）との親子関係を求めた裁判。長女は性別変更前に生まれ、次女は変更後に生まれた。現在、40代の女性Ａさんとその妻は法律上の夫婦である。

　1審の東京家庭裁判所（2022年2月28日）は、同性同士は法律婚できないため、Ａさんを長女と次女の父親と認めなかった。2審の東京高等裁判所（2022年8月19日）は、性別変更前に生まれた長女はＡさんを父親と認め、性別変更後に生まれた次女はＡさんを父親と認めなかった。長女はＡさんを男性と認定し、次女はＡさんを女性と認定したためである。この決定を不服とした父親は最高裁に申し立てをした。最高裁はど

んな判断を下しただろうか？

　2024年6月21日、最高裁第2小法廷は4人全員一致で、性別変更後に生まれた次女も男性の子と認める判断を下した。

まとめ

　ここで取り上げた3つの裁判は、制定当時の民法が想定していない争いである。民法を適用した結果、国民の「常識」を逸脱する判断が下されたこともある。では裁判官は「常識」はずれか？

　裁判官は争いに対して、法律を解釈、適用して判断を下す。判断は法律と良心に基づく。「妻が婚姻中に懐胎した子は、夫の子と推定する」という条文は、科学データより優先し、生殖能力がない夫婦にも適用されることがある。これは一見「非常識」と思えるが、裁判官は「常識的」に判断する。それは裁判官が立法行為を行えば、三権分立の原則が崩れるからだ。裁判官は、「その良心に従い、独立して職権を行い、この憲法及び法律にのみ拘束される」存在である。

第3章　身近にある「なぜ」を追う

なぜ、まちえは孝二の手を握ったのか？

武藤　章

　武藤一押しの映像資料が映画「橋のない川」である。原作住井すゑの
部落差別を描いた大河小説の映画化である。初めは原作そのものを資料
として使っていたが、DVD になったと聞き、購入して生徒に見せている。
もちろん、部落差別の授業である。

　映像資料は、こんなことがあったという事実を視覚に訴える手段とし
て使われることが多いが、ポーズ機能が使えるため、私は謎を提示して
発問するのに使うことが多い。

　さて、その問題の場面。明治天皇崩御の夜のことである。主人公、孝
二たちの通う小学校では夜中にもかかわらず、児童が校庭に集められ、
東京に向かって一斉に黙とうをささげるということが行われていた。そ
の時に同じクラスのまちえが孝二の手を握るのだ。孝二は部落の子、ク
ラスでは露骨に差別され、いじめられてもいる。一方まちえは金持ちの
商家の家の子である。まちえは心優しい子なので、孝二を差別したりは
しないが、時代の子であるので、部落が賤しい身分であるとの認識は
持っている。

　という前提を話して、生徒に問いかける。「なぜ、まちえは孝二の手
を握ったのか？」この理由が部落差別の深層を如実に表していて、衝撃
的なのだ。

　ちなみに、この理由は知らない限り答えられないもので、言ってみれ
ば想像を絶するものなのだけど、生徒は生徒なりに答えてくれる。

111

いちばん多いのが「間違えた」。これは夜中の出来事であるからいかにもありそう。次に多い答えが「まちえは実は孝二が好きだった」。これはこれで、２人の恋の行方には「結婚差別」という大きな壁が立ちふさがるはずで、一篇の物語として成立しなくもない。なんか、流行りの韓流ドラマみたい。うがった見方をする生徒の中には「まちえは孝二に勘違いさせ、後で笑いものにしようとしていた」というのもある。

　さて、真相である。まちえはその後、後悔の念に堪えられず、孝二に告白する。

　「あのな、うち、ご大喪の晩に畑中さんの手、握ったやろ。あれな、うち、部落の人は夜になると蛇みたいに血が冷とうなるって聞いたんや。それで、畑中さんの手で試したんやわ。堪忍な。ほな、さいなら」

　これって、部落差別の根幹にかかわる話で、ここから「結婚差別」につながっていく。部落の血が混じることを忌み嫌う理由である。

　差別、偏見をもつ人の行動は時に突飛に見える。例えば、アイヌ民族出身のある女性の述懐。

　「もっと勉強したいと東京に出た私は、社員５、60人の商事会社に勤めた。そこで、先輩の女性に襟首から手を入れられ、背中をさわられるというめにあった。アイヌは多毛で劣等、いつの頃からかふりまかれたことを確かめたかったらしいと気づいたとき、ゾーッとした」（北原きよ子『公民・現代社会100話』あゆみ出版）

　自分とは違う人間だ、違う人種だという考え方は、ナチスのユダヤ人迫害にもつながるし、そういう血、遺伝子を残してはいけないということになると、これが優生思想という名で正当性を主張しちゃうのである。ナチスはそれを名目に障害者を収容所に送り、日本ではちゃんと法律まで作って断種手術を実施した。戦後の日本国憲法下においてである。バ

第3章　身近にある「なぜ」を追う

カじゃないとか、非科学的とか笑い飛ばすだけではどうにもならない何かがあったりするのだ。

　話がそれたが、「橋のない川」は二度映画化されていて、1969年の今井正監督作品と1992年の東陽一監督作品のものがある。私が使っているのは前者。

ドナーカードを持つ理由

扶川　聡

　ナガテユカの漫画『ギフト±』（ギフトプラスマイナス）を読んだ。
主人公の女子高生、環（たまき）は凶悪犯を捕らえ生体解剖し臓器を摘
出する。臓器は闇医者に売られ、正規のルートでは手術を受けられない
患者に移植される。環は「命は神様からの贈りもの。それをより良い形
で再配分するの。これも人助けだよ。」という。2015年からの7年間で
370万部売れ、現在も連載中だ。臓器移植の実情はどうなのか。日本で
唯一の臓器移植斡旋機関である「公益社団法人日本臓器移植ネットワー
ク（JOT）」のHPを見る。普及用パンフレット「いのちの贈りもの」
（JOT発行）によると、移植希望者約16000人に対し、移植者は約400人
（登録者の3％）であり、待機期間は長い。心臓は約3年5ヶ月、肝臓
は約1年3ヶ月、腎臓は約14年8ヶ月であり、治療に長い間苦しむだけ
でなく、移植できず死ぬ人も多い。このため、厚生労働省は、「いのち
の贈りもの」（同省発行）を全国の中学3年生に配布し、運転免許証・
健康保険証・個人番号カードに臓器提供の意思表示欄を設け、臓器提供
者（ドナー）を増やそうとしている。しかし、1997年の臓器移植法制定
から2022年までの年間臓器提供者は100人前後で推移し増えていない。
一方、年間臓器移植件数は2010年以前の200件前後から300件以上に増え、
2019年には480件を記録した。これは臓器移植法改正で脳死者からの複
数移植が増えたことによる。

第3章　身近にある「なぜ」を追う

臓器提供は中学生でも「自分ごと」

　2010年の臓器移植法改正以後、臓器提供の意思表示は、中学生とその家族にとって避けて通れない「自分ごと」になった。改正前は、「臓器提供意思表示カード（通称ドナーカード）」に臓器提供を意思表示した15歳以上の人が臓器提供の対象だった。しかし改正後は、①本人が臓器提供の意思表示をしていなくとも、家族の承諾があれば提供できる、②15歳以下の小児であっても臓器提供できるようになった。つまり、中学生ではドナーカードなどで臓器提供拒否の意思表示をしない限り、家族の承諾によって脳死判定・臓器提供が可能になったわけだ。授業では、まず中学生に臓器提供の意思表示を「自分ごと」として受け止めさせたい。そして、ドナーの数が増えない理由に気づかせ、臓器移植法改正で生まれた問題点を考えさせる。

ドナーカードで意思表示しよう

教師：今日はみんなにプレゼントを持ってきました。それを配る前に1曲聞いて下さい。ちょっと、不思議な歌詞です。何を歌っているか分かるかな。

　ドナーソング　　　　作詞・作曲：大柴広己
　お時間ちょっといいですか　ちょっと質問いいですか　時間はとらせないので
　どれかに丸を付けてください♪　ひとつめ　私は脳死後および心臓が停止した後のいずれでも　移植のために臓器を提供します♪ふたつめ…

生徒：「ドナーソング」だ。

115

教師：ドナーってどんな人？だれか「臓器移植」について説明して下さい。

教師：（臓器提供意思表示カードを配る）カードの裏を見よう。これから全員に○をつけてもらうので、1～3の項目を読んで意味を確認しよう。

生徒：えっ、授業中に書くんですか？

　生徒は、ドナーカードを手に持つことで、自分ごととして教師の説明を聞き考える。説明する際、JOTのHPから申し込み生徒数分を郵送してもらったパンフ「いのちの贈りもの」と「カード付きリーフレット」を使う。またHPからパワーポイント「臓器移植解説集」をダウンロードし、①日本で移植を受けられる割合、②臓器移植に関する4つの権利（臓器を提供する権利、提供しない権利、移植を受ける権利、受けない権利）、③臓器提供の種類（脳死時、心臓死時、生体移植）、④脳死とはなにか（心臓死・脳死・植物状態の違い）、⑤臓器提供の流れ、のように編集しておくと授業で活用できる。

教師：いきなりドナーカードに書くと途中で気持が変わる人が出そうだから、事前に自分の考えをはっきりさせよう。（授業プリントに下書きさせ、理由も書かせる。）

教師：それでは、どれに○をつけたか挙手して下さい。挙げたくない人は、挙げなくても良いです。（授業プリントの項目1～3の順で挙手させ、数人から理由を聞いた）

　項目1〈脳死段階で臓器提供する〉が多数だった。理由は、どうせ数日の内に死ぬから、意識がないなら心臓死と同じ、自我がないなら体はただのモノに過ぎない、自分は生きる保証がないけれど移植で助かる命

第3章　身近にある「なぜ」を追う

がある、1人でも多くの命を助けたい、誰かの中で自分が生き続ける、などである。項目2〈心臓死段階で提供する〉の理由は、脳だけじゃ死んだのか分からない、心臓や肺は動いており全ての臓器が止まっていない。項目3〈臓器提供しない〉はクラスで数名。理由は、自分の体がバラバラになるのは嫌、体は自分のものだから死後もいじられたくない、死後も体を傷つけるのは嫌、自分の臓器が他人の体に入るのは気持悪い、などである。生徒のように脳死段階の臓器提供容認が多数ならばドナーは多いはずだ。しかし実際はごく少ない。家族の承諾が得られないからだ。その理由に気づかせるため、脳死患者の家族が臓器提供するまでの葛藤を記録した動画を見せた。動画の代わりに、作家柳田邦男が脳死になった次男、洋二郎に付き添った11日間の記録『犠牲』（文春文庫）を読ませても良い（下に引用）。

人工呼吸器の送気音が、スー、ハー、スー、ハー、と規則正しく響いている。ほかには、物音が聞こえない。洋二郎は、昼間と全く同じように、静かに眠っているかのようだった。手を握ると、あたたかく湿っている。額も胸も、温もりがある。耳元で、「洋二郎」と声をかけてみる。私は、洋二郎の手を握りしめながら、水泳のこと、映画のことなど、懐かしく想い出すままに、語りかけた。洋二郎の表情は穏やかだった。…「洋二郎さんに、たくさん声をかけてあげてください。きっと喜ぶと思います」看護婦は洋二郎の手を握ってそう言ってくれた。「ええ、いまも洋二郎といろいろ思い出話をしていたんですよ。長男もいっていたんですが、洋二郎は口ではしゃべらなくても、からだで頷いたり、答えてくれるんですよね」（p112）。

教師：動画で見た家族の場合、本人はドナーカードで意志表示していたの？

生徒：していません。

教師：2010年に臓器移植法が改正され、本人の意志が確認できない
場合でも、家族の承諾で提供できるようになりました。自分の意志
を伝えておかないと残された家族は、どうしたら良いのか悩みます。
特に臓器提供したくない人は、自分の意志をはっきりカードに書い
ておかないと、家族が「この子は優しい性格だから」などと臓器提
供する可能性があります。臓器提供してもいい人、嫌な人、どちら
もはっきり意志表示しておきましょう。

幼児からの臓器摘出に賛成ですか

教師：臓器移植法改正時に大きく変化したことがもう1つあります。
改正により、15歳未満でも親の承諾で臓器摘出できるようになりま
した。小学校高学年なら脳死や臓器摘出の説明を聞いて自分の意思
を話せるかもしれない。でも保育園の園児やもっと小さい乳児はど
うでしょう。この改正を皆さんはどう考えますか（各自で書き、後
日紹介）。

「15歳未満の子どもや幼児からの臓器提供」について、賛成する生徒
は4割、反対は6割。反対理由は「誰でも臓器提供するかしないか決め
る権利があるから、その意味が分かる年齢になってから本人が決めるべ
き」、賛成は「親が育て養うため親に権利がある」などである。意見を
紹介後、次の動画を見せた。

「脳死・子どもの死」　大坂府立大学教授　森岡正博　NHK「視点・
論点」　2009.7放送
　子どもの場合、厳密な脳死判定をしたとしても約2割は、100日以

118

上、心臓が動き続けるという厳粛な事実を知っておく必要があります。脳死の子どもからの心臓移植とは、体が温かくオシッコもウンチもして、身長が伸び成長し、自分で手足を動かすことのできる体にメスを差し込みドクドクと動いている心臓を取り出すことなのです。生まれた子どもたちには、外部からの臓器摘出などの侵襲を受けないまま、丸ごと成長し丸ごと死んでいく自然の権利があります。その権利が斥けられるのは、本人がその権利を放棄すると意思表示した時だけなのです。私たちは、その自然の権利を親の介入からも守らなければならないのです。子どもの命は親の所有物ではないからです。

臓器移植制度の要はなにか

　漫画『ギフト±』の国家版とさえ思える現実がある。中国では2015年の法改正まで死刑囚の臓器を供給してきた。2014年以前の臓器ドナーの65％以上が死刑囚だったという。フランスの臓器提供数は人口100万人につき24.7人、スペインは46.03人。これに比べ、日本は0.88人と格段に少ない。それは、フランスやスペインが、本人が臓器提供拒否の意思表示を残さない限り、臓器提供の意思を持つとみなす制度だからだ。増え続ける臓器移植の需要に対し供給をいかに増やすかという視点だけでは、人の命を数字として見るようになる。「臓器提供しない」という意思の保護が臓器移植制度の要だと私は思う。

身近にあるくぼみに注目する

武藤　章

届いた不思議なはがき

　昔、友人から届いたはがきに小さなくぼみがあるのに気付いた。その時は何だかわからなかったし、知らなかった。後に、このはがきが視覚障碍者用のものであることを知った。件の友人にこのことを聞いても、友人はそんなはがきを使ったことを覚えていなかった。理由は今となっては不明なのだが、私はこの時、バリアフリーについての教材をひとつ手に入れていたのである。はがきの左下に注目してほしい。小さく丸みのあるくぼみがあるのがわかる。下についているということで、上下がわかる。左についているということで、表裏がわかる仕組みである。郵便局に行って「視覚障碍者用」と言えば、販売している。ちなみに写真はお年玉付きの年賀状仕様のはがきのようである。

　以前、視覚障碍者のためのバリアフリーの授業の実物教材ということで、シャンプーとリンスの違いを示す容器や、缶のドリンクに刻印された点字とかが紹介されたことがある。今回はそれ以外の教材をいくつか紹介したい。

第3章　身近にある「なぜ」を追う

小さなくぼみはまだあった

　スーパーやコンビニで購入するパック入りの牛乳にもこのくぼみを発見した。写真の右上方にくぼみがあるのがわかる。牛乳パックの購入に裏表、上下が関係するとは思えないので、これは牛乳を表すしるしなのだろうと推測できる。

　一般社団法人「Jミルク」の説明によると、中身が生乳100％の「種類別　牛乳」にだけつけられ、「切欠き」という名称だそうだ。ちなみに片方にくぼみが寄っているのは、その反対側に開け口があることも示しているのだった。考えてみれば、晴眼者もこのマークを見れば（？）、「種類別　牛乳」と知ることができる。間違って「低脂肪」とか「カルシウム強化」とか買わなくて済む。「誰か」にとってバリアフリーなものは「誰に」とってもバリアフリーなのだということだ。それは、電車のホームの自動開閉の柵などを思い浮かべれば、歴然だろう。身近なくぼみからバリアフリーを考える授業を始めよう。

　くぼみがないからと言ってバリアフリーではないとは限らない。今はカード社会になり、使うことがまれになりつつあるが、電車の切符はバリアフリー仕様になっている。そう言われれば、出た当時の差し込み用プリペイドカードにはくぼみがついていたことを思い出す方もいるかもしれない。しかし、その頃から電車の切符はバリアフリーだった。でも、切符にくぼみはないよ。そう、日本の電車の切符、というより、あの無人改札機は切符を縦横、上下、裏表関係なく受け入れてくれる機械になっているのだった（どう入れても表が上になって出てくる！　日本の技術、すごい）。くぼみがあるバリアフリーとないバリアフリー、

121

両方を生徒に提示してみたい。

電話でお願いしたら束で送られてきた

最後に、くぼみというよりまさに「切欠き」の方がふさわしい教材を紹介しよう。クロネコヤマトの宅急便不在者連絡票だ。

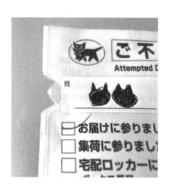

これは新聞記事でその存在を知った。この会社の不在者連絡票には上部に山形の切込みが入っている。これこそ私たちが今まで見てきた、あの「くぼみ」なのである。1997年に始まったサービスで、その時に、私は「ヤマト運輸」に電話して、授業に使いたいので見本を送ってほしい旨、伝えたのだった。後日、ヤマト運輸から100枚束の不在者連絡票が２つ届いた。自社の宣伝になることなら大いに協力します、ということだろう。ちなみにこの切込みは「山形」ではなく、「ネコの耳」型だそうである。

授業をバリアフリー化する

私の勤務校で「復籍」学級の生徒が一緒に授業を受けるという機会があった。地域の中学校に所属していると同時に盲学校の中等部に通う生徒である。

その時の私の授業が「戦後の日本」だった。その生徒にマッカーサーをイメージしてもらうべく、コーンパイプとサングラスを持ち込み、生徒に触らせた。実物教材にはこんな使い道もあったのだ。

生徒をその後、修学旅行の事前学習の授業にも呼んだ。学校の近くにある「仏像屋」さんを講師に招いての特別授業である。仏像屋さんは店から何体かの仏像のミニチュアを持ち込んで、見方を解説してくれた。もちろん、視覚障碍者の生徒には手で触れさせながらの解説だ。自分の授業のバリアフリー化、考えてみませんか？

第３章　身近にある「なぜ」を追う

CO2はどこから排出されているのか

武田真人

　今日、ひろく使われている温暖化教材の弱点は「日本で、CO2がどこから、どれだけ排出されているか」ということが、さっぱりわからないことである。教科書や資料集では「部門別二酸化炭素排出量」が掲載されている。同じような下の表を見てみると、工場などを除いて排出量が概ね分散し突出した部門が見当たらない。家庭の排出量も約15％と無視できず、他方、COP（Conference of the Parties、国連気候変動枠組条約締約国会議）でよく議論となる火力発電所からの排出量は約８％と意外に低い。この表は、日本の排出実態を表しているだろうか。答えは否である。

2022年度　部門別二酸化炭素排出量(間接排出量)

工場など	自動車船舶など	商業事業所など	家庭	発電所など	その他
34.0%	18.5%	17.3%	15.3%	8.0%	6.8%

全国地球温暖化防止活動推進センター(JCCCA)資料より作成

間接排出量（電気・熱配分後排出量）のマジックを読み解く

　生徒に発問する。「皆さんの家庭でCO2はどこから排出されますか」、「エアコン、照明、ガス、石油ストーブ」、「ガスやストーブは正解だけ

123

ど、エアコンや照明からは CO2 は出てないよね」、「ガスコンロやガス給湯器で家庭が15％も排出しているのか？　ちょっと考えにくいよね」。

　授業では、この表が〔電力消費量に応じて配分した二酸化炭素排出量＝間接排出量〕であることを学習する。間接排出量とは、発電に伴い発生する CO2 を電気事業者ではなく電気の需要側（使用者）の排出とみなした排出量である。家庭でエアコンを使っても CO2 が直接排出されることはないが（解体時フロンは別）、エアコンで消費した電気量をつくるために火力発電所から排出された CO2 は家庭排出量に含まれる。理解しにくい「謎」の表であるが、日本ではこの統計が多く用いられている。しかし、間接排出量では実際の排出源は分からない。授業では、間接排出量のマジックを読み解いた後に、直接排出量（電気・熱配分前排出量）を理解していく。

日本の主要な排出源

　CO2 部門別直接排出量（2022年度）を概数で見ると、エネルギー転換部門41％、運輸18％、この２部門で59％を占めている。ここに焦点を当てた政策が必要かつ最も効果的であることは言うまでもない。仮に火力発電をすべて再エネに転換し、交通部門をすべて EV 化したとすると、これだけで６割近くの CO2 が削減されることになる。

　火力発電、交通、鉄鋼が主要排出源であったことは他の先進国も共通である。EU などの環境先進国が、風力発電、太陽エネルギー、EV 車を懸命に推し進めている政策は、実は理に適っているのである。この当たり前の知識と認識が、日本ではほとんど共有されていない。このことが日本の温暖化対策の盲点となっている。

主要な排出源を可視化する

　日本の排出源は、少数の大口事業所に集中している。NPO「気候ネッ

第 3 章　身近にある「なぜ」を追う

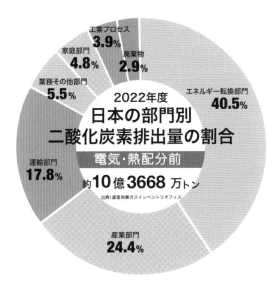

出典：「全国地球温暖化防止活動推進センター」Web 掲載資料

トワーク」プレリリース（2020.5.14）によると、わずか94の事業所によって日本の総排出量の42％に当たる CO2が排出されている。上位2つの事業所の碧南火力発電所（愛知）と西日本製鉄福山地区（広島）の排出量の合計は4703万トンとなり、この数字は全国の家庭総排出量約5750万トンの約 8 割に匹敵し、CO2排出の規模と集中の実態を如実に示している。

　最後に本授業の感想文を示したい。「確かに火力発電で作った電気を使っていたら何も変わらない。今まで何をやらされていたのだろうと思った。地球温参加を止めるために選挙はちゃんとやりたい」。

「求人誌」で学ぶ労働条件

扶川　聡

　　私は千葉県から都内に電車で通勤している。駅前のコンビニに寄ると
ドア付近にブタのイラストが表紙を飾る雑誌が置いてある。朝食のおに
ぎりを買って駅に向かうと改札口付近にも同じ雑誌がある。無料求人誌
「タウンワーク」だ。都内の最寄り駅で下車し、改札を出ると通路に
「1072円」と大きく書かれたポスターが貼られている。2022年10月に金
額がやっと1000円を超えた。ちなみに千葉県は984円。これは、厚生労
働省の最低賃金広報ポスターだ。

　　公立中学校教員の私は、毎月の収入は高くはないが安定している。

　　ボーナスは出るし、社会保険にも加入している。いわゆる「親方日の
丸」の職業だ。しかし、教室で教える生徒の約4割は、近い将来、非正
規雇用として働くことになる。高校に進学するとアルバイトを始める生
徒もいる。受験勉強にいそしむ中学3年生だが、高校生活のアルバイト
を話題に「タウンワーク」を使い、実生活と教科書記述をつなぐ公民授
業なら気分転換になるだろう。

タウンワークで仕事を探そう

　　タウンワークのテレビCMを見せ、何の宣伝か聞くことから授業を
始める。CMは木村拓哉・藤原竜也など人気俳優が出演している。次に、
パワーポイントでタウンワークの雑誌を見せ、「TOWN WORK」の文字
から居住地域の求人誌であることを確認する。

第3章 身近にある「なぜ」を追う

> 教師：高校生になったらアルバイトしたいと思っている人は手を挙げてください。（学級の半数ぐらいが挙手）なぜ、アルバイトをしたいの？
> 生徒：ゲームとか、自分の欲しいものを買いたい。服も買いたいし。
> 生徒：お母さんに働いて欲しいと言われているから。
> 教師：私立高校に進学すると、設備はいいけど、学費は結構高いから親は大変だ。タウンワークは地域ごとに毎週発行されているから、自宅近くの仕事を探しやすい。これから、タウンワークを使って、自分が応募したい会社を探そう。

　タウンワークの中から、学区域周辺部分を印刷し、4人班で回覧させる。応募する企業が決まったら、選んだ企業名と理由をきく。生徒の多くは、時給・給与が高い仕事を選んでいた。その他には、自宅から近いので通うのが便利、仕事内容が接客で楽しそう、調理が好き、などが出てきた。

> 教師：ところで、同じ会社に勤めていても雇われ方によって給与や待遇は違います。タウンワークの広告では、【A】【P】【派】【契】【社】の記号で書いてあります。それぞれどんな言葉の省略なのか言えますか。
> 教師：アルバイトとパートの違いを説明できる人はいますか。
> 生徒：アルバイトは学生で、パートは主婦かな？

　タウンワークの見返しには、「求人広告の見方」のコラムがあり、【A】アルバイト、【P】パート、【派】派遣スタッフ、【契】契約社員、【社】正社員、などについて説明がある。アルバイト・パートは「一般的に正社員より勤務時間や勤務日数が少ない労働者を指すことが多く、

127

法的な根拠は特にありません。」、正社員「雇用の期間を定めずに契約します。一般的に『社員』と言われている形態です。」とある。私の勤める中学校だと教員や事務・用務主事は地方公務員だが、教員は東京都に雇われ、用務主事は区の職員である。講師は、時給で働くアルバイト。最近増えてきた「期限付き採用教員」や「再雇用教員」は契約社員だ。給食は業務委託。学校にもさまざまな雇用形態で働く人がいる。

労働条件の「これだけは」

　かつて職員会議で勤務時間について発言した際に、管理職から「勤務時間は労働条件ではない！」と大声で制止された経験がある。世間にも、労働条件に無関心な経営者は多いはずだ。せめて、生徒には、基本的な労働条件である労働時間（一日、一週間）、時間外労働や深夜業の割増賃金、休憩時間、年次有給休暇、最低賃金などを具体的に教えておきたい。そして、不当な扱いに対し直感的に「これって変じゃない？」と疑問がわくようになって欲しい。疑問が生まれたら、あとは解決策や相談先をインターネットで調べるだけだ。一通り、労働条件を教えた後、「こんな時、どうする」と質問した。

Q1：お昼休み（休憩時間）に会社の外に出て昼食を食べようとしたら「お客から注文の電話が来るので、外出するのは止めてほしい」と言われた。
Q2：アルバイト先で仕事中にケガをしてしまい、病院に行った。治療費は自己負担か。
Q3：高校生だが、アルバイトの時給が高い22時以降に働きたい

第3章　身近にある「なぜ」を追う

気をつけよう、うまい話と甘い汁

〈ボーナス2500万円の悩み!?〉
　隠し場所に悩んで洗濯機に入れちゃったんです、最初のボーナス2500万円（笑）。入社6ヶ月で会社の売上ギネスを更新した上、新人賞に、年間MVPまで頂いちゃって…。ボーナス支給式では、その場で2500万円ハイって（驚）。その後みんなで飲み行こうって話になったんですが、そんな大金持って回る訳にいかないし、ATMには入らないしで、とりあえず自宅までダッシュして洗濯機に放り込んじゃった（笑）。　社員名○○
[契] アドバイザー
[給] 社員登用有（月給28～40万円＋ボーナス）
給与例…25歳　女性／入社3年目　年収1050万円
（月給35万円＋賞与600万円＋手当）
[休] プロモーション期間内／週休2日制（月6回以上休み）、プロモーション期間外／完全週休2日制（土日祝）、夏季・年末年始、慶弔、有給（年間休日120日以上）

教師：これは、以前、タウンワークに掲載されていたA社の求人広告です。皆さんなら、この会社に応募しますか。

　多くの生徒は応募しないと答えた。「こんなに条件がいいのになぜ応募しないの？」ときくと「ボーナスが高すぎて怪しい」「どんな仕事をするのか良くわからない」「有給の休日が4ヶ月以上あるのが変」などの返事が返ってきた。A社の求人は、販売会場を設け、1台数十万円の高電位医療機器を訪れた人に売りこむ仕事だ。
　ここでブラック企業を見分けるポイントをいくつか紹介する。①賃金

129

が平均より３割以上も高い（賃金に残業代が含まれていたり、激務の場合がある）。②職種がカタカナ語で内容がわからない（マーケティングセールスが飛び込み営業だったりする）。③採用数が従業員の３割以上など相当に多い（やめる人数が多いので多く採用しているかも）。④会社の特徴が「アットホームな職場」などのようにあいまい（会社自体にセールスポイントがない？）。⑤連絡先が携帯電話の番号だけ（事務所がない企業の可能性がある）。もちろん①〜⑤だからと言って必ずしもブラック企業とは限らないが、この視点でタウンワークの広告を見直すと、疑念が生じる企業も見つかる。

アルバイトで損しない知恵

教師：「アルバイトの壁」って聞いたことがりますか。
生徒：働き過ぎると税金がかかるんですよね。
教師：収入が増えると税金など給与から引かれるお金が増えていきます。そのため、一定の金額以上の収入にならないよう、働く日数を調節するので「壁」と呼ばれています。

　親兄弟から「壁」のことを聞いている生徒は、クラスに４〜５人いた。この場面では、扶養控除から外れ所得税がかかる103万円の壁、社会保険料がかかる130万円の壁をパワーポイントの図で説明した。高校生のアルバイトでは、まず「壁」をこえることはないが、家族や自分に関係しそうな話題なので生徒は注目していた。授業では、アルバイトでも所得税を源泉徴収する会社があるので、自分で年間収入を計算し「壁」を超えていなければ税務署に還付申告すればよいと話した。ちなみに、同僚の若いＳ先生は、大学４年生の時にアルバイトでも有給休暇が取れることを知った。喜んで休暇を取得したが、有給による「壁」超えに気づ

かず、税務署から所得税請求書が届き驚いたという。

　タウンワークHPによれば、平均的なアルバイト高校生は、居酒屋・ファミレス・コンビニ・ファストフードで、週に2〜3日働く。平日は3時間、土日は4〜6時間働き、月収は2〜4万円で中心は3万円。これを読み、アルバイトは高校生にとって貴重な社会経験の場ではあるが、学校生活の負担になっていないか気になる。高校生の労働が前提となっている現状に違和感を持つのは私だけだろうか。

ポッキーの売上はなぜ伸びた？

井出教子

企業はモノを売るためにどんな工夫をしているか？

　高校「政治・経済」や「公共」の教科書では、経済の分野で"市場の仕組み"について学ぶ。左上がりの供給曲線と右下がりの需要曲線。完全競争市場を前提とした市場メカニズムでは、均衡価格がその交点、つまり需要と供給が等しくなる点に決まることになっている。

　この理想的なモデルでは、消費者は商品やサービスの購入を"価格の変化"によって増やすか減らすか決めるとされている。しかし実際には、価格以外にも、その商品のデザインやイメージ、口コミなど様々な要因が私たちの購買行動を決定づけている。この授業は、そんな市場メカニズムについてひとしきり教科書的な説明を終えたあとに行う。授業の冒頭では、「実際の市場では、企業は価格を引き下げる以外に、自社の商品を売るためにどんな工夫をしているでしょうか？」という問いから始める。

映像資料でマーケターの仕事を知る

　次に、2015年6月22日にNHKで放送された「プロフェッショナル仕事の流儀 #268？菓子開発・マーケター　小林正典？」を視聴する。映像を見る前に配布するプリントには、「Q1. 企業の商品開発担当者たちが日頃行っている工夫にはどのようなものがあるだろうか？具体的に5つ以上書き出してみよう。」と書いておく。この映像資料の優れたとこ

第3章　身近にある「なぜ」を追う

ろは、冒頭15分くらいを試聴すると、主人公の小林さんの姿を通じて
"マーケター"という仕事の魅力や難しさがしっかりと生徒たちに伝わ
るところだ（映像は NHK オンデマンドで手に入れることができる）。

　VTR は、雨の降る朝、出勤途中で道ゆく人々を観察する小林さんの
映像から始まる。通りかかる様々な人たちの心情を推察し、「そんな時
に食べたくなるお菓子って何か？」と想像することから商品開発は始ま
る、と小林さんが述べる。出勤後のミーティングでは、商品開発を手掛
ける同僚たちとチョコレート菓子を販売する同業他社の新商品を食べ比
べる。その後、売上の伸びていない自社商品について、なぜ目標の売り
上げに届かないのか、開発担当者とその要因を分析する。空き時間があ
れば、チョコレート菓子のターゲットとなる若い女性の動向を知るため
に、デパートの小物売り場に出かけて流行しているキャラクター製品な
どをリサーチする。

　映像を試聴した後に何人かにあてて答えてもらうと、みんな様々な観
点から気がついた点を答えてくれる。生徒たちからは、自分達が普段何
気なく食べているチョコレート菓子が、こんなふうに作られていたとは
…という新鮮な驚きが感じられる。

ポッキーの売上はなぜ伸びた？

　VTR でも紹介されるが、実は小林さんは"ポッキーの売上を5年で
50億円伸ばした"人物でもある。ではなぜそんなことが可能になったの
か、そう問いかけながら、プロジェクターで江崎グリコ株式会社のホー
ムページに掲載された「ポッキーのパッケージの変遷」を映し出す。
ポッキーは1966年に"世界で初めての棒状チョコレート菓子"として発
売された。そこから現在まで、お菓子自体の形状はほとんど変化してい
ない。しかし、パッケージのデザインは大きく変わってきた。実はその
変化が、売上上昇の要因とも関わっている。

133

図版（出所：江崎グリコ HP）

　「ロングセラー商品のポッキーですが、90年代にはその売上が大きく落ち込みました。しかし、小林さんはある工夫を加えることによって、その売上を50億円伸ばすことに成功しました」。生徒たちは何だろう？という目で映し出された画像を見ている。そこで、「90年代のパッケージデザインと、今売られているポッキーを比べて、何か気づくことはない？」と聞いてみる。「パッケージが赤くなった」、「ポッキーの並び方がクロスしている」など、過去のパッケージとの違いを挙げる生徒が多いが、正解まではあと一歩。ここで実物のポッキーを前に出して「私が高校生だった20年前と、今のポッキー。大きく２つの違いがあります。１つは外から見てもわかる変化、もう１つは開けてみた後にわかる変化です」とヒントを出してみる。ここで、「あ！」となる生徒が出てくる。
　クイズの正解の１つ目は開け口の変化。もう１つは箱の中の袋の変化である。小林さんはポッキーのキャッチコピーとして、シェア・ハピネスの略である"シェアハピ"という言葉を設定した。ポッキーを、メインターゲットである若い女子学生が授業の合間にシェアするためのお菓子として再定義して売り出したのである。そのために、箱は開けたり閉めたりしやすい形状へと変化、また、みんなでシェアするために中身の袋は小分けできるよう２つに分割された。ポッキーダンスを取り入れたCMのヒットも相まって、この工夫が若い女性を中心に受け入れられた結果、2015年以降、ポッキーは再び若者に人気のチョコレート菓子とし

て復活した。

主体的に市場に参画する力を育てるために

　授業の最後には、生徒たちに「あなたが愛用している商品を1つ取り上げて、その商品の販売戦略を分析してみてください」と問いかけ、プリントに記入してもらう。内容はだいたい以下のようなかんじである。たいてい時間が不足するので、課題として次の授業までにやってきてもらうことにしている。

①あなたが愛用している商品は？
②その商品はどんな商品？　どんなニーズを満たしてくれる？
③その商品の市場におけるポジショニングを分析してみてください（他社の競合製品を6つ以上挙げてもらい、価格の高低、デザイン性、味などを縦軸と横軸にしてプロットしてもらう）。
④その商品を売るためにどんな工夫がされているか、マーケティングの工夫について分析してみてください。

　野球のグローブや陸上のシューズなど、部活動にちなんだ商品を分析する生徒もいれば、メイク用品、コンタクトの洗浄液など日常で利用する商品を取り上げる生徒もいる。韓流アイドルグループを取り上げ、縦軸をカッコいい系?? 可愛い系、横軸をダンス重視?? 歌重視として多種多様な人気グループをプロットしたものなど、高校生独自の視点でなされる分析は読む私にとっても面白く、勉強になる。
　この授業はやっていて楽しいからずっと続けているということもあるが、他にも理由がある。ひとつは、多少なりとも主体的に市場に参加できる消費者を育てることにつながるのではないかと思っているからだ。最近、「倫理的消費」という言葉があちこちで聞かれるようになったが、

自分が購入する商品が誰によってどのような目的で作られているのかを考えてみることは、受動的に物を買わされる消費者から、主体的に商品を選んで購入する消費者への第一歩になるのではないだろうか。ふたつ目は、市場における「供給者」としての視点を獲得してほしいという思いからだ。近年、ビジネス系雑誌や新聞で日本に起業文化が育っていないことを問題視する記事をよく見かける。例えば、2021年のユニコーン企業の国際比較では、日本が11社なのに対して、中国は170社、アメリカは488社となっている。また、「ベンチャー白書2020」によれば、起業した人が身近にいる人の割合も、中国では46％、アメリカでは39％、フランスやイギリスでは33％なのに対して、日本は19％だ。その理由は様々に分析されているが、私は商品を提供する側の視点に気づくことが、アントレプレナーシップ（起業家精神）を身につける入り口ではないかと考えている。いつの時代にも、満たされていないニーズは必ず存在する。それをビジネスチャンスとして見出すことの面白さを、この授業を通じて少しでも感じてもらえれば、と思っている。

参考文献

"ポッキーの歴史". 江崎グリコ株式会社.
https://www.glico.com/jp/health/contents/kinenkan01/.（参照2023-12-17）
藤村雄志、関智宏「アントレプレナーシップがもたらす成長と可能性〈ワンパーパス〉」
同志社大学通信. 2023年、209号、p04-07

第3章　身近にある「なぜ」を追う

バナナの輸入から南と北の自立を
考える

大井はるえ

　毎日の私たちの生活に欠かせない食べ物。しかし現在、日本の食料自
給率（カロリーベース）は38％（農林水産省「食料需給表（2021年
度）」）まで低下し、62％を海外からの輸入に頼っている。気候変動によ
る異常気象やウクライナ戦争をはじめとする不安定な世界情勢の中で、
農作物などの価格が上昇しているが、日本の農業や食料安全保障は大丈
夫なのだろうか。ここでは、日本の輸入自由化の先駆けとなったバナナ
を取り上げ、農業における南と北の自立を考えていきたい。まず輸入先
フィリピンのバナナの生産現場から、プランテーションのバナナと民衆
交易のバナナの2つを比較し、ロールプレイを通じてプランテーショ
ン・バナナの生産現場の状況を見ていく。

プランテーションのバナナと民衆交易のバナナ

　現在バナナの76.1％がフィリピンから輸入されている（2021年）。皆
さんはフィリピンのバナナに2種類あるのを知っているだろうか。1つ
はミンダナオ島のプランテーションで作られたバナナであり、もう1つ
はネグロス島で生産者と消費者が一緒につくりあげていく民衆交易で作
られたバナナである。

　ミンダナオ島のプランテーションで作られるバナナは、ドール、デル
モンテ、チキータ等の多国籍企業によって、アメリカ産の肥料、農薬を
使って育てられる。農薬は広大なプランテーションに飛行機で空中散布

137

され、バナナは収穫後もカビが生えないよう薬品で漬けられたり、洗われたりして出荷される。そのせいで環境や水が汚染され、咳が出たり皮膚炎になったりする生産者もいるが、きれいな水や作業着はもらえない。生産者は現地の地主を通じて多国籍企業に安く雇われ、朝から晩まで働いても十分に食べることができず、子どもも学校に行かせられない状況がある。

　もう一方のネグロス島の民衆交易で作られたバナナは、山に植えた木から収穫してきた素朴なバナナである。それを村人たちが水槽で水洗いし、カビが生えないよう首のところに酢や食塩水を塗り箱に詰めて出荷する。いつ収穫するか株分けするかは、村人で話し合って決める。バナナが売れるようになって、村人たちは3食食事ができるようになり、子どもを学校に行かせられるようになった。

　授業では2種類のバナナの情報が混ざったカードを分けながら、その特徴を知り、自分ならどちらのバナナがいいか考えてもらう。

　さらに、教材『バナナ農園で働く人々』からフィリピンミンダナオ島のプランテーションの生産現場で働く人々のロールプレイを行う。

　フェルナンドとその妻マリア、小学校に通うロベルトはバナナ農園の中で働きながら生活している。フェルナンドは地主のラモスの下で、安い賃金で朝早くから晩まで働かされ、最近は農薬のせいで咳が出て辛いが、休むと首にすると脅され休むこともできない。ある日プランテーション農園へ、地主のラモスとプランテーションを経営する多国籍企業のマイケルが、商品のバナナの出来を見せるため、日本商社の鈴木を連れてきた。鈴木は日本の消費者は、虫や傷一つない色や形のそろったきれいなバナナしか買わないと言い、マイケルはいい肥料、農薬を使い虫一つつかない質の良いバナナを育てており、さらに生産性・効率性をあげ値段を安くしている、と売り込む。こうしてプランテーションにおける生産者、地主、多国籍企業、日本商社の関係を描いたロールプレイを

138

第3章 身近にある「なぜ」を追う

わたしは、バナナだけ植えられている
広いバナナ農園（プランテーション）で
作られるから、いつでもいっぱい収穫できるんだ。

わたしを作る人たちは、
わたしの生えている山の村に住んでいて、
ニワトリを飼ったり、
野菜を作ったりしているんだ。
商店や学校、病院が遠いので、
ふもとの町まで歩くんだよ。

わたしは、多国籍企業や
貿易商社を通して
輸出されるんだ。
胸には、有名なシールが
はられています。

わたしが売れるようになって、
バナナの仕事をしている人たちは、
3食たべられるようになったり、
学校に行けるようになったんだって。

わたしをキレイに育てるために、
殺虫剤や除草剤をまくんだよ。
だから、虫もいないし、
雑草も生えていないんだ。

わたしを作る人たちは、バナナだけに頼らず
同じ島の漁民や、町の人たちと一緒に、
新しい島起こしに取り組んでいるんだよ。

2つのバナナのどちらか選んでみよう―カードゲーム『2つのバナナ』より）

ロールプレイ 『バナナをつくる人びと』
バナナ農園で働く人びと

登場人物

フェルナンド（お父さん）
フィリピン、ミンダナオ島に住んでいる。仕事を求めてバナナ農園で働くことになり、農薬をまく仕事をしている。最近、体の具合が悪いことが多い。労働者の組合に入っている。

マリア（お母さん）
フェルナンドといっしょに仕事を求めて、バナナ農園のパッキングセンター（箱詰め工場）で働くことになった。5人の子供がいる。

ロベルト（長男）
妹や弟のめんどうを見ながら、学校へ行っている。10歳。

鈴木（日本の商社の社員）
日本向け輸出用バナナの視察にミンダナオ島に来ている。

ラモス（バナナ農園の地主）
大企業と契約してバナナ農園を開いている。大企業に技術指導料や農薬、化学肥料などの代金を払っている。サリサリストアー（食料品や日用品を売っている小さな店）を経営している。

マイケル（多国籍企業の社員）
世界的に有名な農産物を扱う大企業の社員。フィリピンに駐在している。

節子（日本の主婦）
家計のために、節約して1円でも安い買い物を心掛けている。パートで仕事をしている。

マサオ（節子の長男）
おこづかいを十分もらっていて、物に不自由を感じたことがない。テレビゲームに熱中している。10歳。

演じ、気づいたことや感想を述べてもらう中で、バナナの輸入をめぐる構造を理解していく。

日本の農業構造改革の先駆けとなったバナナ

次に輸入元である日本が、輸入自由化の先駆けとなったバナナを通し、どのように変わっていったのか、日本の農業構造改革の変遷について説明する。

1963年日本でバナナの輸入自由化が決定されて以降、日本では一気に高速道路による農作物の全国的流通が広がっていった。そもそもバナナは、高速道路と大量販売できる大手スーパーがないと輸入しても腐ってしまう。スーパーができて初めて輸入自由化の条件が整い、トラック輸送が鉄道を凌駕し、高速道路ができてバナナが実際に入ってくることになった。こうして以前野菜は地産地消だったが、1965年第一次全国総合開発以降、大量単一作物栽培、つまり特定産地法によるキャベツやレタスなどの大産地が次々作られ、それを全国流通させることになる。振り返ると、日本の国策と、農業が構造改革されていくプロセスとバナナが一体化していたことがわかる。こうして自由化前、台湾バナナで年間4万7千トンだったバナナの年間輸入量は、輸入自由化でエクアドルなどから40万トン、フィリピンが加わり100万トンになった。

2021年では76.1%がフィリピンからの輸入となる。このことは、アメリカからバナナ好きな日本人が狙われ、自動車を輸出する見返りにバナナを輸入する構図ができたとも言える。こうした多国籍企業による商品のバナナは、現地のフィリピン人は食べないことから、日本に限定した輸出作物であり、自分たちに関係ないとなると大量に農薬、化学肥料を使い、地力を無視した生産につながっていった。

「民衆貿易」 ──南と北の自立へ

　先に見たフィリピン・ミンダナオ島のロールプレイの状況と同様、ネグロス島も輸出作物一本槍で、自給セクターがずたずたにされ、自分たちだけで生きていけない農村構造となっていた。またそれは先進国で農産物の価格が暴落すると、飢餓と貧困が蔓延する構造に直結していた。そんな状況を見ておれず、1989年、「民衆交易」をするため「オルター・トレード・ジャパン（以下、ATJ）」が、首都圏コープ事業連合（現パルシステム連合会）等の共同出資によって設立される。「民衆交易」とは、南（途上国）の人々が生産したものを正当な価格で取引することで、南の人々の自立につながり、北（先進国）の私たちは安心・安全な食べものを手に入れることができる、商品の交易によって「南と北」が共に支え合う関係をつくり出すことを目的とした取組みである。

　株主である生協団体は当初、どうしたら自分たちの安心・安全な食べ物を手に入れられるかという都市住民の観点から始まったが、それは農村との共存なしでは成立せず、私たちの協同組合運動が農村を支援し、また農村から支援されるという関係をつくり出すことが重要となってくる。ATJ は、バナナを輸入することにより輸出セクターから本来の姿である自給セクターになる一村一品運動を支援し、また消費者として食べ物を通した自立運動を目指している。

　また先に述べたように輸入元の日本も、輸入自由化とともに日本の農業構造改革が進み、地産地消が崩れ大量単一作物栽培が進んでいった。ATJ はその日本の農業が危機的状態に陥ってきた構造と、南の国の農民が自立できなくなった構造は同じだ、と見ている。自給率の低下には農業構造改革の他にも、アメリカの影響による食生活の西洋化により米の消費量が減ったこと、パン食や肉・油脂を使った食事が増え、農地面積の狭い日本では家畜の飼料となるトウモロコシや大豆などを十分生産できずその輸入が増えていったことも一因と言われる。いずれにしろ現在

第 3 章　身近にある「なぜ」を追う

日本の食料自給率は38％であり、先進国の中でも非常に低い水準である。近年の不安定な世界情勢の中で、食料安全保障や農業の未来も見据えた、農業における南と北の自立を考えていく必要があるのではないだろうか。

参考文献
　地球の木、開発教育教材『マジカルバナナ』1999年 3 月
　地球の木、開発教育教材『マジカルバナナ 』1999年 3 月
　https://information.pal-system.co.jp/society/040701-csr3/（2023.11.10最終閲覧）

甘いチョコレートの甘くない現実

大井はるえ

　おやつと言ったらチョコレートを思い浮かべる人も多いのではないだろうか。またバレンタインが近づくとチョコレートの消費量は増え、最近ではチョコレートに含まれる成分やポリフェノールが体に良いと、毎日食べる人もいる。

　日本は年間約27万トンのチョコレートを消費する世界第3位のチョコレート消費国である（2019年、チョコレート・ココア協会）。そのチョコレートに欠かせないのがカカオ豆であり、世界で取引される約500万トンのカカオ豆のうち、7割以上が西アフリカで生産されている。日本に輸入されるカカオ豆の約7〜8割はガーナ産であり、ガーナから輸入している理由は、ガーナ政府が価格や品質を管理しており、安定した品質の豆の輸入が見込めるからである。しかし、甘いチョコレートのカカオ生産には、甘くない現実が関わっている。

児童労働が関わるチョコレート

　甘くない現実とは、チョコレートのカカオ生産に児童労働が関わっていることである。その数は、世界第1位と第2位のカカオ生産国であるコートジボワールとガーナだけでも156万人に上ると言われ、このうちコートジボワールは79万人、ガーナは77万人である（2020年、シカゴ大学）。

　IITA（国際熱帯農業研究所）が実施した西アフリカのカカオ生産にお

第 3 章　身近にある「なぜ」を追う

ける児童労働の調査では、カカオ農園は小規模な家族経営である場合が多く、子どもが家族の手伝いとして働いている場合もあるが、１万2000人の子どもが農園経営者の親戚ではない子どもだった。また、農園経営をする家庭の子ども（６〜17歳）の３分の１は、一度も学校に行ったことがない。その中には「何らかの仲介機関」によってこの職についている子どももいて、他国から誘拐され奴隷として売られて強制的に働かされているという報道や他の文献の指摘を裏付けている。この調査では、西アフリカのカカオ農園で働く子どもの64％が14歳以下と報告され、カカオ栽培の労働集約的な作業、特に農薬の塗布や刃物の使用などは子どもの身体に危険をもたらす可能性が高いと言われている。

　授業ではカカオ農園で働く子どもたちのコラムを読み、「カカオ農園で働き続ける兄弟」の動画を見せた。学生の感想には「動画で幼い子どもが労働させられているのを見て衝撃を受けた」、「私たちは150円くらいでチョコを何気なく買っているが、それには一体何粒のカカオが使われ、あの兄弟（生産者）には何円落ちるのか、とても少ない賃金で働いていること予想される」等があった。

　次にカカオ農園で働くサムエル君が苦しい状況から抜け出すためにどうしたらいいかを、147頁と148頁の図を例にマインドマップで考えさせた。学生の意見には「カカオ農場で満足に食事を与えられず、奴隷のように扱われている状況を変えるべきだ。国も対応し、大人を雇い、子どもたちに学校教育を受けさせる環境を整えるべきだ」、「貧困の連鎖を断ち切るためには、その国や、他の国が協力して、子どもに教育を受けさせる制度をつくり、将来就きたい職業を見つけ、自立した生活が送れるようにする必要がある」、「企業が、子どものような安い労働力によって支えられる経済活動でなく、それにたよらず生産ができるようにしなければならない」、「消費者が児重労働を知ることが必要であり、児童労働のない商品を買ったり、会社に入ったり、抗議して行動を起こせば、貧

145

困をなくす一歩となり得ると思う」、「児童労働を無くすために、小手先の対策をしてもそれで生計を建てている子どもたちが路頭に迷うことになるかもしれない。先進国と途上国の経済や貿易の根本を作りかえないといけない」等があった。

　カカオ農園の状況を変えるためには、私たち消費者も生産者の状況を知ることの他、ガーナの政府、カカオを取引している企業、国際貿易のしくみをも変えること、またガーナのカカオ農家と生産者が人権や労働者の権利を学ぶことも必要であるだろう。

　次にカカオ農園の状況を変えるための方法を148頁にあるA～Cを見て考えてもらう。Aはフェアトレード、Bは政治家に手紙を書く、Cはイベントを開く、という方法であり、BとCは政策を変えるためのアドボカシー運動でもある。

児童労働をなくすための取り組み「フェアトレード」

　カカオの生産現場で児童労働が関わることが知られてから、児童労働をなくす取り組みをしているフェアトレード・チョコレートが取り上げられる機会が増えた。「公正な取り引き」を意味するフェアトレードの商品の価格は、それ以外の商品より高いが、国際フェアトレード基準として定められているルールがあるからである。そのルールでは児童労働を禁止し、安全な労働環境を保証している。児童労働を生み出す「貧困」の連鎖を断ち切るため、乱高下する国際市場価格に対し、生産者が対価を得られるよう持続可能な生産・生活を支える価格を設定している。それにより生産者が適正で安定した収入を得ることができれば、子どもを働きに出すこともなくなり、フェアトレードで得た奨励金で、生産者たちが自ら地域の教育や医療など社会基盤の充実を図ることも可能になる。さらに環境面でも基準が定められ、森を破壊したり危険な農薬を使ったりすることなく自然環境を守りながら生産されることを保証して

第3章 身近にある「なぜ」を追う

■つくりだされる貧困 ～カカオ畑で働く子どもたち

ガーナのカカオ生産農家

カカオ畑では一年中たくさんの仕事があります。まず、カカオの木を植えるために、草木を切って土地を切りひらかなければなりません。苗を植えてから実がなるまでは約2年かかります。草刈りも大切な仕事の一つです。2年ほどでカカオの実がなると、ナタ（刃物）で実を割って中の果実と種を取り出します。それを一か所にまとめてバナナの皮でくるみ、発酵させます。その後の乾燥の作業は家でおこなうため、発酵させたカカオ豆を家まで持って帰ります。畑から家までは数キロも離れている場合が多く、持ち運ぶのは重労働です。家に持ち帰ったカカオ豆は天日で十分に乾燥させた後、卸売業者に買ってもらいます。

ガーナのカカオ生産農家の多くは、家族経営で小規模なのが特徴です。農家にとって、カカオ豆の生産・販売は主要な現金収入源となっており、多くの農家がカカオ豆を販売して生計を立てています。しかし、収入は十分とはいえません。さらに、カカオを育てるためには農薬や肥料なども買わなくてはなりません。特に小さな農家ほど苦しい生活をしています。

カカオ畑で働く子どもたち

サムエル君は、ガーナに住む16歳の男の子です。学校へはほとんど行かず、2時間かけて畑に行き、カカオ畑の手入れや他の作物をとってくるのが毎日の仕事です。カカオの木のまわりの草を大きなナタで刈り取っていきます。軍手や作業着などは身につけず、Tシャツにゴムぞうりで働くため、アリや蛇にかまれることもあります。けがをしても消毒などはせず、薬草をこすりつけておしまいです。

お父さんは腰を痛めていて、畑仕事ができません。カカオの売値は安く不安定なため、少しでも収穫量を増やすために一生懸命働いた結果、体をこわしてしまったのです。体をあまり使わない仕事があればよいのですが、このあたりではカカオを生産する以外に現金を得る仕事がありません。人を雇う余裕もないため、サムエル君の一家では子どもたちが主な働き手となっています。サムエル君の幼い弟たちは学校へは行っていますが、朝と夕方は畑の手入れやカカオの収穫作業を行い、家計を助けています。弟たちが学校へ行くためのカバンは5人に1つだけで、ノートもペンも足りません。カカオを育てて売らないと、文房具も買えなくなってしまいます。

1 サムエル君が、カカオ畑で危険で大変な仕事をせずに、学校に通い、苦しい生活から抜け出すためには、どのような条件が必要かを考えてみましょう。

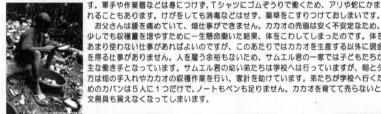

チョコレートが私たちに届くまで

チョコレートの原料となるカカオ豆は、農家の人たちの多くの手作業によって大切に育てられ、たくさんの過程を経て、私たちの手元に届きます。

【カカオ農家】→【卸売業者】→【輸出業者】→【商社】→【メーカーの工場】→【小売店】→【消費者】

カカオの値段はだれが決める？

カカオは世界市場で取引きされており、ロンドンとニューヨークに商品取引所があります。取引きはコンピューター上で売り買いすることで行なわれます。カカオの値段は、産地の生産状況や世界のチョコレートとココアの消費状況のほか、カカオが欲しいからではなくお金もうけを目的に売り買いする人が、取り引きを行なうことによっても変動します。こうして、カカオの値段はカカオ農家とは全く関係のないところで決められ、農家はどんなによいカカオを作っても、売値を決めることができません。

147

● 例 ●

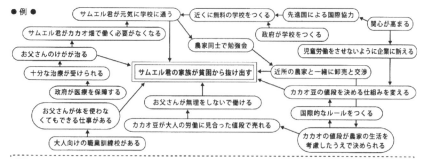

カカオ畑で働く子どもたちの状況を変えるために、私たちができることは何かを考えてみましょう。

A～Cは解決のための行動の一例です。それぞれどのような行動か、考えてみましょう。

解説

A フェアトレードの商品を選ぶ：フェアトレードとは「公正な取引」を意味している。生産者の労働や費用の負担に見合った適正価格で売買することで、経済的にも社会的にも弱い立場の途上国の人々の生活を支援する。児童労働がないこともフェアトレードの条件のひとつである。何を買うかという行為は、選挙の投票に似ている。消費者である私たちがフェアトレード商品を買うことで、人権が守られた労働環境をつくりだすことができる。より多くの人がこのような商品を求めれば、企業はそれに応じる手段を考える。生産過程上の問題にあまり関心を払っていない企業にも、問題へ目を向けさせることができる。多くの人が求めれば、企業はそのための努力をもっとするようになる。

B 政治家に手紙を書く：世界の貧困をなくすために、日本を含む各国政府が果たすべき役割がある。MDGsの達成に向け取り組むことは、そのうちのひとつである。私たちの政府に、責任をもってそうした役割を果たすように働きかけることで、世界中の人が飢餓や貧困から逃れること、児童労働をなくすこと、全ての人が教育を受けられること、などの実現につながっていく。多くの人が政治家に手紙を送り、その問題について国会で質問したり話し合うように求めることも、貧困をなくすための行動のひとつである。

C イベントを行う：写真は、6月12日は国際労働機関（ILO）が定めた児童労働反対世界デーでのイベントの様子。毎年、この日に合わせて児童労働を広く知らせるためのイベントや、児童労働をなくす署名活動が行われている。2009年には署名が7万5千以上に上り、児童労働撤廃を求める多くの人の声を関係省庁の大臣へ届けることが出来た。このようなキャンペーンのイベントや、署名活動に参加することも、問題解決に向けた具体的な行動のひとつである。

ア　アドボカシー活動とは、問題を解決し社会をよりよくするために、政策を変えることを求める活動です。政策を変えるためには、その問題が起こっている根本的な原因を理解し、それを解決するための提案を、政策を決定する責任のある政治家や政府の担当者などに届けることが重要です。その際には、政治家や政府の担当者にその問題を重要と思ってもらえるよう、問題に気づいたできるだけ多くの人たちが声をあげていくことが、とても大切なのです。

　　調べてみよう！世界を変えたアドボカシー活動
例1）児童労働撲滅キャンペーン：大量にカカオを輸入しているアメリカでは、「カカオは子ども奴隷によって作られている」という報道（2001年）をきっかけに、NGO、消費者団体、政治家などが、カカオ産業から最悪の形態の児童労働をなくす運動をおこなった。それ以降、カカオ業界全体で「児童労働をなくす」という目的が共有されている。
例2）地雷廃絶国際キャンペーン：地雷の使用、生産、備蓄、移転、売却のすべてを禁止する条約を成立させるために、欧米のNGOが中心となって1992年に発足。1997年「対人地雷全面禁止条約（オタワ条約）」の調印の大きな原動力となった。

いる。こうしたシステムを続けていくため、商品価格が高くなってしまうが、フェアトレード商品は「公正な取引をした結果の、適正価格」として捉える必要があるだろう。フェアトレード・チョコレートについては、「ピープルツリー」と「第3世界ショップ」、及び「わかちあいプロジェクト」が輸入している Divine のチョコレート等がある。また NPO の ACE は「しあわせへのチョコレート」プロジェクトとして、企業と提携を進めている。ブラックサンダーの有楽製菓は「スマイルカカオプロジェクト」で児童労働のないチョコレートを作っており、森永は「1チョコ for1スマイル」、明治、スーパーマーケットのイオンもフェアトレード・チョコレートを販売している。フェアトレード商品を調べてみたり、消費者として購入・行動することが未来を変える選択につながるかもしれない。

参考文献

　ガーナ・カカオ生産地の児童労働　https://acejapan.org/choco/childlabour
　動画「カカオ農園で働き続ける兄弟」「カカオ農園で搾取子どもたち」2008年
　https://www.youtube.com/watch?v=BfB3ZTL3RTw　（2023.10.31最終閲覧）
　STAND UP TAKE ACTION キャンペーン教材（情報・写真は ACE 提供）

コラム

隠し剣シリーズ　その3

誤解剣　のりの家

　北村薫というミステリ作家がいる。日本における「日常ミステリ」の草分け的存在である。「日常ミステリ」とは、連続殺人事件とか、密室殺人とかミステリにありがちな設定ではなくて、日常の小さな謎に挑む話である。例えば、3人の女性は何故喫茶店で紅茶に砂糖を7杯、8杯と入れているのか？　高齢の大学教授は何故本屋を回ってエロ本を買いあさっているのか？　こーゆーのがなかなか面白くて、私は好き。今では、この分野のミステリは多く出回っていて、楽しみに事欠かない。

　というわけで、今回は日常に潜む小さな謎から授業に入る話。今回の私の話は、なぜそのような誤解が生じたのかという謎である。自分の体験に根差しているところがミソである。そう、「また雑談が始まったな」と思わせておいて、いつの間にか授業になっているという、お得意の「ステルス導入」である。

「製粉ミュージアム」から「のりの家」へ

　今回紹介する誤解には伏線がある。事件の直前に「製粉ミュージアム」に行ったことである。群馬県館林。駅のすぐ近くに建てられている。日清製粉が作ったミュージアムで、小麦粉の歴史、製造過程、産地など要するに小麦粉博物館である。日清製粉だけに、別館では「美智子様」の展示室もある。帰り際に日清製粉の商品を1つもらった。「お好み焼き粉」だった。もちろん訪問理由は小麦粉の勉強である。社会科教員は日々研究を怠らないのだ。

　その帰り道である。地下鉄のホームで電車を待っていた。何とはなしにホームに設置されていた駅周辺の地図に目がいった。

　「あっ近くに、三井の海苔の博物館がある」と思ってしまったのだ。たぶん三井物産あたりが海苔を輸入していて、それをミュージアムにしたにちがいない。つまり、製粉ミュージアムの帰りだからこそ、生じた

誤解なのだ。私は地図の表記を頭の中で「三井海苔ハウス」と読んだのだった。一瞬後、自分の間違いに気づく。もちろんこれは「三井のリハウス」である。謎となるのは何故この誤解が生じたのか、ということである。ここが日常ミステリの醍醐味である。答えは

　「カタカナの『リ』とひらがなの『り』が同じ（そっくり？）だから」である。

　この話をして生徒に謎解きをさせ、私は平安時代のかな文字誕生の授業に入る。

　ちなみにひらがなの「り」もカタカナの「リ」もどちらも起源は「利」だけど、前者は「利」の崩し字、後者は作りの部分を取ったものというぐあいに成り立ちは異なる。

　しつこくちなみにだけど、海苔の博物館は実際に存在する。大田区にある「大森　海苔のふるさと館」。今では東京湾の海苔漁は行われていないが、昔の海苔の生産用具などがたくさん展示されている。ミュージアムショップもあり、手拭い、前掛けなどオリジナルグッズが手に入る。話のついでに紹介してほしい。

　文字の読み間違いにはいろいろ面白い話がたくさんある。例えば、次のなぞなぞはカタカナと漢字にまつわるものである。

　家族連れが町の中華料理屋に入った。メニューを見た子どもが注文する。

　「ちからゆうやけそば」。

　父親はお餅が入っていて、目玉焼きが乗っているそばを想像する。さて、子どもが注文したのはどんな料理でしょう。答えは簡単ですね。

（武藤　章）

第4章

体感が人権を
確かなものにする

判決文を書いてみよう
―― 「君が代」伴奏拒否事件

井出教子

音楽の先生が式典で「君が代」の伴奏を拒否する権利はあるのか？

　高校「政治・経済」の授業で精神の自由を扱った際、1999年に東京都のある公立小学校で起こったできごとを紹介し、生徒たちに小見出しの問いに対してどう考えるかを尋ねてみた。できごとのあらましは次のようなものである。

　音楽教諭のXさんは、A校長から入学式で「君が代」のピアノ伴奏をしてほしいと頼まれた。しかし、Xさんは「君が代」の歌詞が戦前の日本のアジア侵略と結びついていると考えており、「君が代」を歌ったり伴奏したりすることは、自らの信念に反するとして、A校長からの依頼を拒否した。そして、式の当日、Xさんはピアノの椅子に座ったまま、演奏はしなかった。A校長は事前に用意してあったカセットテープで伴奏を流し、「君が代」斉唱は支障なく行われた。

　その後、東京都教育委員会はXさんが校長命令に従わなかったことは、地方公務員法に違反するとして「戒告処分」（昇級昇進等に不利益を及ぼす処分）とした。

　これを受けて、Xさんは自らの信念は憲法第19条の思想・良心の自由により保護されるべきで、実際に式も問題なく行われており、今回の処分は行き過ぎであるとして、処分の取り消しを求めて提訴した。

第4章　体感が人権を確かなものにする

　生徒の意見は、大きく分けて2つに分かれた。

　1つは、「公務員なのだから、全体の奉仕者として働くべきだ」、「仕事上の命令には従わなければならない」というもの。公務員である以上、全体の利益より個人の利益を重視してはならないという考え方が根底にあるようで、「処分はやむを得ない」との結論につながる。

　2つめは、「憲法で保障されている以上、Xさんの信念は尊重されるべきだ」というもの。生演奏で歌うということに重きを置くよりも、憲法で保障されている思想・良心の自由を守る方が大事ではないか、という意見や、他の人に伴奏を頼むこともできたはずではないか、などという意見が出された。これらは、事前に学習した思想・良心の自由（憲法第19条）を重視する考えから出された意見である。

あなたが裁判官だったらどんな判決を出すか？

　意見を共有したのち、授業プリントの裏面にそれぞれの生徒が考える判決文を書いてもらった。クラスによって多少の違いはあったが、Xさん勝訴と答える生徒が3分の1〜2分の1、敗訴と答える生徒が2分の1〜3分の2という結果であった。

　私の授業では、これ以前にも同性婚や、選択的夫婦別姓をめぐる訴訟を取り上げ、生徒に判決を考えてもらったことがある。いずれも時事的なテーマで生徒の関心は高かったが、どちらのテーマについても9割程度が「法的に認めるべき」という判決に至り、論拠にも多様性が出にくいので、討論のテーマとしては今ひとつ盛り上がりに欠けていた。それに比べると、「君が代」伴奏拒否事件に対する生徒の意見は大きく2つに分かれ、しかも多様な論拠が示されており、「人権保障」について考えを深めるのに適した題材であることが見てとれた。生徒の判決文は、一度回収し、次の授業で代表的なものをいくつか抜粋して紹介した。以下は、そのうちの一部である。

155

〔Ｘさん敗訴と回答した例〕

〈個人としての思想・良心の自由は憲法第19条によって保護される一方で、公立学校の教諭であるＸさんが業務中に行う行為は憲法の定める"全体の奉仕者"としての行為であり、自らの利益のために職務命令に従わないことは許されない。また、音楽教諭である以上、（校長が）Ｘさんに伴奏を命じることは適切だと考える。〉

〈入学式には生徒、親、先生など多くの人が参加する。その中にはきちんとした伴奏付きで君が代を歌うことを望んでいる人もいるかもしれない。そうした状況においてＸさんが伴奏を行わないのは「公共の福祉」に反している。また、Ｘさんには職業選択の自由があるのだから、そんなに「君が代」を演奏したくないのであれば、私学に行けば良いのではないか。〉

〔Ｘさん勝訴と回答した例〕

〈Ｘさんの信念は憲法第19条によって保障されているはずである。そのため、教育公務員としての信頼を失墜させたかもしれないということより、Ｘさんの信念が侵害されたことの方が被害が大きいと考える。〉

〈Ｘさんは演奏を校長から依頼された時点で明確な理由と共に演奏を拒否した。よって、校長は他の教諭に演奏を依頼する余地があったとも考えられる。また、テープを用意したことで入学式は滞りなく行われたため、公務員の信頼や式参加者の気分は害されておらず、Ｘさんの行為は、他者の権利の侵害には該当していない。よって、Ｘさんの思想・良心の自由は処分によって制約を受ける必要はないと考える。〉

第 4 章　体感が人権を確かなものにする

最高裁はどのように判断したか？

　教室内にも多様な考えがあることを共有した上で、最後に最高裁がどのような結論を出したのかを紹介した（判決は、裁判長と 3 人の裁判官の計 4 人の多数意見。これに対し、1 名の裁判官は反対意見を述べた）。

〔最高裁判決〕Ｘさんに君が代のピアノ伴奏を命じた校長の職務命令は合憲
　地方公務員は「住民全体の奉仕者」であり、地方公務員法により「上司の職務命令に忠実に従わなければならない」と規定されている。そのため、Ｘさんは校長の職務命令に従わねばならない立場である。そして、Ａ校長の職務命令は、Ｘさんに対して、特定の思想を持つことを強制したり、あるいはこれを禁止したりするものではなく、特定の思想の有無について告白することを強要するものでもない。小学校学習指導要領では、行事において国歌斉唱を指導するよう書かれており、社会通念＊に照らしても入学式等で国歌斉唱を行うこと、音楽科の教諭がその伴奏をすることは一般的で、Ａ校長の職務命令はその目的・内容において不合理なものとは言えず、憲法第19条に反するとはいえない。
＊社会通念…社会一般に通用している考え方、常識のこと。

　最高裁判決の多数意見では、「君が代」の伴奏は特定の思想を持つことを強制するものではない、とされている。つまり最高裁は、「君が代」を伴奏することは、戦争を賛美するという内面と連動しないという考えを示し、よって、「伴奏の依頼＝思想の強制」とはならないと判断したということである。加えて裁判長は、「学校が組織として国家斉唱を行うことを決めた以上、音楽教諭に伴奏させることは極めて合理的な選択。職務上の義務として、伴奏させることも必要な措置として憲法上

157

許される」と補足意見を述べている。

　最高裁の判決について解説すると、なるほどと頷いている生徒もいたが、一方で「内容はわかったけど、べつにテープや代役でもいいやん」と、納得できない表情を見せる者もいた。Xさんが拒否している行為を代替できる手段があるのに、なぜそうしなかったのか、という純粋な疑問である。

生徒の疑問にどのように答えるか？

　残念ながら、授業時間の制約もあり授業では上記の疑問に対して十分に考えを深める時間をとることはできなかった。しかし、授業を振り返ってみたとき、テープや代役でもでもいいのではないか、という疑問の声をもっと掘り下げていくことで、「人権保障」というテーマをより深く理解することができたのではないかと考えている。

　例えば、判決で唯一反対意見を述べた藤田宙靖判事について書かれた当時の新聞記事には、以下のような記述がある（『朝日新聞』2007年2月28日朝刊）。

　　元東北大教授で行政法の第一人者、藤田宙靖判事は反対意見で「ピアノ伴奏は信条に照らして教諭にとって極めて苦痛なこと。それにもかかわらず強制することが許されるかどうか」が真の問題と述べた。藤田判事は、今回の小学校では、ピアノ伴奏のかわりに校長側が用意したテープを使って問題なく式が進行したと指摘した。そのうえで、参列者には君が代に限って伴奏しないことが「違和感」を与えるかもしれないと認めつつも、このような「違和感」程度のことで、伴奏拒否という形で表現される思想・信条の自由を制約していいのか、と疑問を呈した。

第4章　体感が人権を確かなものにする

　これを読むと、授業の最後に一部の生徒たちが抱いた疑問と同様の反対意見が、当時の最高裁裁判官によって述べられていたことがわかる。また、同じ新聞記事には、この訴訟で敗訴したXさんのコメントも掲載されている。彼女は裁判後の会見で、「上告して良かったと思っています。藤田裁判官の少数意見がついたから」と前置きしたうえで、次のように述べた。「1年に2回だけ、40秒、心を閉ざし、ロボットになって弾いてしまえば裁判に労力も使わず、校長先生や教育委員会の覚えもいいのに、と何度も自問したが、自分の信条に反することはできない、と拒否を貫き続けた」。

　このような「君が代」に対するXさんの信条に対し、生徒たちに一様に共感を求めることは難しいかもしれない。しかし、“自分の信ずるところに反する行為を実践するときに感じる心の痛み”は誰でも経験しうることで、それを想像することはできるはずだ。「学校にもXさんにもWin-Winの結果をもたらす選択肢が他にあったのではないか？」という問いを立てるなどして、主体的に民主主義を実践する方策を考える姿勢を育てることもできたのではないか、というのが今回の授業の反省点である。

159

生徒が考えた「日本国憲法前文」

武藤　章

憲法前文をどうするか──歌、暗唱、写経

　日本国憲法前文の授業って意外に難しい、というか苦手である。何がいけないかというと、教科書１ページ分の前文全文（！）を一度は朗読しなくてはならないからだ。そもそも授業で教科書を朗読することなんてない。まさにこの授業の時だけなのだ。しかも相当の悪文ときている。日本国憲法前文はファンも多くて、名文だという人が多いが、きっとそれは内容のことで、文章自体は悪文のお手本である。嘘だと思ったら、前文全文の中に句点がいくつあるか数えてみるとよい。

　でも、読まないわけにはいかないので、早く終われと思いながら、とりあえず一読する。続いて、これについて、解説とかもう無理。で、どうするか。

　よく使われているのが、きたがわてつさんの「日本国憲法前文の歌」。私もいちおう CD で聞かせたりする。私の友人はギターを持ち込んで自分で歌ったりもする。ネットで探してみると、きたがわさん以外にもいろいろな曲が見つかる。

　それから、以前流行ったのが全文を丸々暗記させちゃうって実践。やってた人、何人か知ってるけど、暗記してどうなるって感じ。

　あとねぇ。「写経」！　本が出ていて、薄字をなぞって書くようになっている。心を静めて日本国憲法の世界に入っていくのです。なーむ。

清水義範のパロディ

　私が好きなのは清水義範『騙し絵　日本国憲法』（集英社、1999年）。日本国憲法のパスティーシュ。何種類もあって楽しめる。一部紹介する。
〔日本国憲法　名古屋弁訳〕
「あれだねゃあきゃ、でゃあたゃあが、国の政治いったら国民が自分らぁで選んだえりゃあさんにまかしとるだけのことだもんで、そこんとこ忘れたらたーけらしいことになってしまうでいかんて〜」
〔日本国憲法　実演販売〕
「これまでお宅で使ってた憲法で戦争が切れますか。切れない、巻きみまれる、おしかける、ね、ついついそういうことになってしまっていたでしょう。ところがこの日本国憲法だとほら、戦争とこの通り、すっぱり縁が切れちゃうの。ほら、すぱすぱといくらでも切れちゃう〜」
〔日本国憲法　俵万智〕
「この味がいいねと君が言ったから5月3日は憲法記念日」
「嫁さんになれよだなんて婚姻は2人の合意よ第24条」
「全力を挙げて崇高な理想と目的を達成するって日本語はすてき」
　これ以外にも、長嶋茂雄訳、松本人志の遺書、四コマ漫画などどれも傑作である。生徒に紹介してみんなで楽しむ。

生徒に日本国憲法前文を書かせてみた

　そんなこんなで、日本国憲法の学習は済んだことにして、生徒たちに自由に君たちの考える日本国憲法前文を書かせてみた。なぜかわからないけど、みんなロマンチストになっている。

　憲法は、人をしばるためにあるんじゃない！
　守るためにあるんだ‼
　さあ、みんなで言おう‼

「憲法サイコー」と。
　　　　　（とむ）

幸せでいたい。
ずっと笑っていた。
家族や友達といたい。
こんな単純なことがきっと一番の幸せ。
昔みたいな過ちを
二度と繰り返したくない。
みんなで助け合ったら
きっとみんなが幸せになれる。
だから、ぼくは…
楽しく暮らしたい。
みんなを愛したい。
みんなを守りたい。
みんなに何かできることをしたい。
平和を願える人になりたい。
　　　　　（さとし）

一、恋は自由である。恋をしたらあきらめずにひたすら前へ進もう。
一、失恋をしたってそれも青春だ。
一、勉強はしなくてはならない。だが、疲れたら気分転換をしよう。
一、校則を忘れてはならない。３年間のガマンだ、頑張ろう。
一、テストが終わったら、カラオケに行こう。
一、これで終わり。まだ先が知りたかったら、本人のところへ行くべし
　　　　　　　　　　　　　　　　　　　　　　　　　（まりな）

第4章　体感が人権を確かなものにする

自分の道をさがそう

自分の描いた夢や希望を1つの道にして歩いてみよう

その道は絶望するくらいとても長いかもしれない

時には、転んだり、つまづいたりするかもしれない

それでもあきらめずに歩いてみよう

しっかり前を見て、後は見ない。前だけ見て歩く

そして、いつかはきっとたどりつけるはず

自分にとっての夢と希望に

　　　　　（けんたろう）

映画を見に行こう。ディズニーランドに行こう。初詣に行こう。

平和じゃないとどこにも行けない。行きたくてもいけない。

みんな仲良く友達になろうよ。

　　　　　（かずゆき）

ゲーム感覚で楽しく学ぶ「憲法カルタ」

杉浦真理

　憲法学習は条文の文字理解より、憲法の基本原理や国家が人権を保障する大切さ、政治や統治機構が、国民の権利を保障する仕組みを学ばせたい。条文を暗記させる学習は、生徒にとっては苦痛なことである。しかしながら、条文を知らないでは原理も立憲主義も理解できないだろう。

　憲法カルタは、小学校、中学校、高校で、憲法学習の予習、または憲法学習のまとめとして活用すると、楽しく学ぶことができる。憲法カルタは中学校の公民の憲法学習や、高校の「公共」、「政治経済」の憲法学習にお勧めの学習方法である。

　生徒がつくる憲法カルタは、条文を覚えるだけでなく、Ａ：憲法の中身を理解し、Ｂ：憲法の内容を分類できるような作業学習ができる点で優れている。

入門編　準備するもの

　厚紙カードは縦8cm、横5cmの縦長で、横の条文説明は、3行程度かけることをめざす。作成時期は、時間かかるので、GWか夏休みがお勧めである。

　カルタは、総計20枚用意する。表面は1条（天皇の地位、国民主権）、7条（天皇の国事行為）、9条（戦争の放棄、戦力の不保持、交戦権の否認）、13条（自由及び権利の保持責任、濫用の禁止、利用責任）、14条（法の下の平等、貴族制度の廃止、栄転の授与）、25条（国民の生存権、

国の社会保障的義務）41条（国会の地位）、66条（内閣の組織、国務大臣の文民資格、国会に対する連帯）、69条（衆議院の内閣不信任決議と解散又は総辞職）、76条（司法権と裁判所、特別裁判所の禁止と行政機関の終審的裁判の禁止、裁判官の独立）96条（憲法の改正手続き、その公布）の11枚は必ず作りたい。残りの9枚はできたら、第3章を中心に生徒にとって大切と思う条文を選ばせたい。このようにすると、先ほど説明したB：憲法の内容を分類できるような作業学習（カルタ以外に）で使えるカルタができる。合計20枚を生徒で分担して作らせたい。

　表面には、条文だけを書いてもよいが、9条（平和主義）、25条（生存権）などと表記した方が、理解しやすいと思う学校では、そのような表記もあり得る。

　裏面（読む札）には小学校高学年か、中学生の生徒がわかるレベルで書くと、どの学校でも取り組める。裏面の文章は生徒の実態に応じて書いて欲しい。

入門編　進め方

　グループの人数は、4人から5人。4人と5人にする理由は、カード20枚×2セットを分担して作れるからである。

　まず、表面（条文が書かれている）を上にして、カード20枚を適当に机の上に置く。カードの裏面に書かれた条文を読む人は、じゃけんで決めたり、立候補で決める。裏面（「日本国家は戦争をしません」や「戦争のための飛行機や武器は持ちません」、「日本は他国と戦争をする権利がありません」）を読んで、表面に書かれた条文とがペアになるカードを取って競う。

　ペアになるカードを取り合うことで、「憲法の条文主義」アレルギーをなくすことや、憲法の内容の理解を促進することができる。社会科の授業、LHR、道徳の授業、クラス対抗カルタ取り大会などでも楽しめる。

165

	表面		裏面
	9条 戦争の放棄 戦力の不保持 交戦権の否認		日本国家は戦争をしません。戦争のための飛行機や武器は持ちません。日本は他国と戦争をする権利がありません。

	表面		裏面
	25条 生存権		すべての国民は健康で普通の幸せな最低限の生活ができる権利がある。国は福祉、年金、衛生を進めていく。

憲法カルタ　応用編　事件・訴訟と訴因・結果

　表に事件（訴訟名）、裏に説明（訴因と結果）のように、条文と裁判の表裏バージョンをつくると憲法裁判カルタもできる。例えば、表面に、①「砂川事件」、②「長沼ナイキ訴訟」、③「恵庭事件」、④「百里基地訴訟」、⑤「朝日訴訟」、⑥「堀木訴訟」、⑦「住友セメント事件」、⑧「日産自動車事件」、⑨「宴の後事件」、⑩「石に泳ぐ魚」などのように、事件（訴訟名）を書く。裏面には例えば、「立川市にあった米軍の飛行場の拡張をめぐる闘争。基地に数メートル立ち入ったとして、デモ隊7名が日米安保条約に違反すると起訴された。最高裁は、安保条約は高度の政治性を持つため、違憲かどうか判断できない（統治行為論）とした」と記し、カルタ取りを行う。裏面の記述はもっと簡潔にしてもよいだろう。

　このように条文と条文のペアではなく、いろいろな応用ができる。

第 4 章　体感が人権を確かなものにする

ゲーム感覚で学ぼう

　憲法学習が「条文主義」になっているという批判がある。条文主義とは、条文をそのまま暗記し、条文の内容を理解させなくてもよいという考え方である。カルタ取りというゲームを使えば、憲法の内容を理解したり、内容を分類したりする学習が可能になる。倫理学習や経済学習にも応用できる。生徒が活動し、社会科を楽しく学ぶことにつなげたい。

子どもの権利保障から人権を深める

大井はるえ

　2022年「こども家庭庁」の設置関連法と、子どもの権利を守るための基本理念を定めた「こども基本法」が成立し、2023年から「こども家庭庁」が設置された。「こども基本法」は「日本国憲法および児童の権利に関する条約（子どもの権利条約）の精神にのっとり、全てのこどもが、将来にわたって幸福な生活を送ることができる社会の実現を目指し、こども政策を総合的に推進する」ことを目的としている。同法は、こども施策の基本理念のほか、こども大綱の策定やこども等の意見の反映などについて定めている。しかしその内容はもとより、そもそも子どもの権利条約についてもなかなか伝わっていないとも聞く。子どもの権利条約の精神と、それが「こども基本法」にどう生かされているのか理解することが、真に子どもの権利を守り、さらには人権を問い直すことにもつながっていくであろう。

「児童の権利に関する条約」（子どもの権利条約）について

　1989年に国連総会で採択された「児童の権利に関する条約」（以下、子どもの権利条約）は、子どもを保護の対象から、権利の主体であることを再確認し、子どもの最善の利益を考慮することを各国に求める。子どもの権利条約は4つの一般原則、生命・生存・発達に対する権利／差別の禁止／子どもの意見の尊重／子どもの最善の利益、から成っている。

　授業では、子どもの権利条約の内容を、世界の子どもたちが置かれた

第4章　体感が人権を確かなものにする

答えのヒント：24条、27条、28条、30条、31条、32条、33条

状況と合わせて知るために、ユニセフの「世界からやってきた子どもたちカード」とユニセフがまとめた「子どもの権利条約カード」を照らし合わせながら番号の状況下の子どもにとって必要な条約を選ばせた。また課題として、途上国の子どもにとって必要な条約と、日本（先進国）の子どもにとって必要な条約をそれぞれ選ぶように指示した。

　学生が選んだ途上国の子どもにとって必要な条約は、第28条教育、第

169

24条医療、第32条経済的搾取・有害な労働からの保護などがあがり、日本（先進国）の子どもにとって必要な条約は、第19条虐待・放任からの保護、第28条教育で、教育を無償に受ける権利などがあがった。

日本と子どもの権利条約

　日本は子どもの権利条約を1994年、世界で158番目に批准した。当時、子どもの権利条約は「栄養失調になったり路上で生活する発展途上国の子どもの問題で、日本に条約は必要ない」、また「学級崩壊に直面した教育現場で、子どもに権利を教えたら大変なことになる」と受けとめられ、なかなか国内法が整備されなかった。条約で定められた子どもの権利を実効あるものとするためには、教育・福祉・保健など行政各分野の取り組みと連携が不可欠である。例えば「児童虐待の防止等に関する法律」（児童虐待防止法）は、2000年にようやく制定され、その中で虐待を受けた児童の保護のための規定や虐待を発見した者に対する関係機関への通告義務等が盛り込まれた。

　その間も新自由主義が進み、教育・社会保障などのセーフティネットが切り崩される中、子どもをめぐる状況は変化し、生命や生活が脅かされるようになった。いじめや不登校の他、2020年の19歳以下の自殺は777人で、15〜19歳の死因のトップは自殺だった。20年度の児童相談所の虐待の相談対応は20万5千件と過去最多であった。

　現在セーブ・ザ・チルドレン・ジャパンによるアンケートでは、80％以上の子どもと大人が、守られていない権利があると感じている。項目のうち特に多かったのは〈第19条〉「親の暴力やひどい扱いからまもられること」で、子ども50.8％と大人56.9％が感じている。一方、子どもの選んだ、大切だと思う権利は〈第6条〉「生きること・育つこと」で63.5％と最多であった。

　子どもの権利条約はあくまでも子どもが主体者であり、大人とともに

第4章　体感が人権を確かなものにする

社会をつくる大切なパートナーとして子どもを認めるものである。新自由主義により生命や生活がより脅かされるようになった現在、子どもたちがもっと生きやすい世の中になるように今一度、子どもの権利を学校や生活に据える必要がある。

子どもの権利を保障することから人権を問い直す

　先に、子どもの権利条約の4つの一般原則について述べた。その中の〈第12条〉（意見表明権）「子どもは自分に関係のあることについて自由に自分の意見を表す権利を持っている。その意見は子どもの発達に応じて十分に考慮されなければならない」、〈第13条〉（子どもの最善の利益）「子どもに関係のあることを行う時には、子どもにとって最もよいことは何かを第一に考えなければならない」とある。

　国連子どもの権利委員会の大谷弁護士は、「誤解されがちではあるが、子どもは権利の主体ではあるが、発達段階であり、働けず収入もなく、選挙権もないので、大人と同じような自己決定権があるわけではない。だからこそ自由に意見を表明し、反映される権利が保障されなければならない」と言う。そのため大人は、子どもの権利を守るために助言や支援する役割を担い、国は必要に応じで親を支援する義務がある。子どもの意見表明権を尊重し、大人がそれに耳を傾け、子どもの最善の利益を保証していく意味を心に刻むことが必要である。

　また堀尾輝久氏は、子どもの権利の特殊性は、子ども期特有の権利性と、子どもを取り巻く人間的・社会的関係性にあると言う。人間はその人生のすべての段階において、それぞれ固有の権利を持っており、その全体が人権だと捉えると、子どもの権利こそが大人の権利の基礎であると考えられ、子どもの権利の視点は、人権を人間の一生を通しての権利として、発展的に捉え直すきっかけになる。また子どもには、保護される権利があり、それを受け止めて応える受容的・応答的な関係が必要で

171

ある。そうした人間的な信頼関係を作っていく責任を求める権利を子ど
もは持っており、親や教員や社会は、子どもの権利を実現するためにそ
の要求を受け止め、応答する関係を作ることを保障していかなければな
らない。またそうした関係性を持続的に持つためには、大人の文化的生
存の権利が守られているかも同時に問い直されなければならないだろう。

参考文献
　ユニセフ「T-Net 通信開発のための教育19号　様々な権利の結びつき」2001年
　https://www.unicef.or.jp/kodomo/teacher/pdf/de/de_19.pdf
　ユニセフ「読んでみよう！子どもの権利条約 1~40条」2023年
　https://www.unicef.or.jp/kodomo/nani/siryo/pdf/CRCshouyaku/picture.pdf
　「子どもの権利条約批准28年ようやく議論」（『東京新聞』2022年 5 月 5 日付）
　堀尾輝久『未来をつくる君たちへ──地球時代をどう生きるか』清流出版、2011年

第4章　体感が人権を確かなものにする

「君が代」はしっかり教える

森田敏彦

　日本国憲法の授業は、「憲法クイズ」と称して、「憲法に書かれているのはどれか」を答える授業をする。クイズの内容は、法律にはあるけれど日本国憲法の条文には書いてはいないものばかり。例えば「選挙権は18歳からである」というような、わかりやすい質問だ。「憲法は最高法規」という言葉をイメージとしてはもっているので、大切なことが書いてあるのが憲法だと信じている。だから、選挙権のような重要なことは憲法に書いてあるはずだ、と考えてしまう。そこもポイントだ。このクイズは、日本国憲法には直接書いていないことばかりが答えになるように作っているので、何も書いていない憲法って何なんだろうねとなってくれるといいなと思っているのだが。

3 原理を確認する

　憲法と法律の違いを確認する授業をしてから、日本国憲法の条文を学ぶことになる。

　「3原理って何?」とまずは尋ねてみる。喉まで出かかっているんだけどなぁという顔をする生徒たちがたくさんいる。クラス中がわいわいするなかで正答が揃う。クラス全員の知恵を出し合えば、答えは出てくるものだ。

　ときに、「3原理は、中学校でやってないの?」とふってみる。

　あるとき、生徒が「習ってません!」ときっぱり。「え、どこの中

173

学？」「Ａ中」。「Ｘ市はどうなの？」と他の市を出すと、「Ｘ市はやりました」と出てきて「Ｙ市もやります」と。小さな声で「私Ａ中ですけど、やりました」。クラス中が笑い、最初に言った本人も笑って、一件落着。

　流れだけ書いたけれど、じつはさまざまな市や町や中学が出てきて、郷土愛あふれる時間になったことも。こんな会話は授業にまったく関係ないのだけれど、教室の雰囲気が変化して、私は好きだ。

　さて、３原理を授業で問う理由は、日本国憲法の授業を３原理の条文の順番に進めていくという予告の意図も含んでいる。

君が代の歌詞を確認する

　「国民主権」の最初に、黒板に「（　　　）が統治する国家から（　　　）が統治する国家へ」と書き、中に入る言葉を答えてもらう。

　なんだかんだとクラスみんなの力で、天皇と国民が出てきたところで、大日本帝国憲法という名前を出す。知っているかどうかを確認したうえで、当時の天皇はどういう存在だったのかを想像してもらうことになる。天皇の存在を印象深く意識してもらうために使うのが「君が代」の歌詞だ。

　「では、歌詞をできるだけ漢字を使ってノートに書いてみてください」と指示する。

　そのとたん、あちらこちらで、生徒は歌い始める。

　「いやいや、歌わなくてもいいから」と言うと、笑いが起きたりする。でも、「歌わないと歌詞が出てこない」という声が聞こえたりもする。

　歌っても、友だちと相談しても歌詞の全部はなかなか書けないでいる。「え、歌ったことないの？」と尋ねると、全員が歌ったことがあると言う。歌詞がなかなか書けないので「ひらがなだけでもいいから」と言うと、断片的に書けるようになっていく。「これ合ってるよね」と声をかけてノートを見せる生徒が出てきたり、そろそろ飽き始めたかなぁと感

じた頃に、「では歌詞を書きます」と言って黒板に書き始める。毎年異なるのだが、最も力を入れたときの歌詞を書いてみることにする。

この歌は、「自然の素晴らしさと愛しい人を待つ恋心を歌った愛の歌です」とテーマをまず述べる。何人かの生徒は大きくうなずいてくれる。優しい、いい生徒たちだ。

黒板に「黄緑が良いわ　近寄りに　野鳥に　笹流　西の岩音鳴りて　土手の結ぶ　待て」と書いて、歌の意味を解説していく。

「川の土手に1人座っている。あたりには、黄色や緑の草花が咲いている。野鳥も近寄ってくる。まるで私たちを祝福してくれているようだ。笹の葉がゆっくり流れ、西の方からは岩に川の水の流れがぶつかるかすかな音も聴こえてくる。もしかするとあの人の足音かもしれない。土手に座って、愛しい人を待っている。西の方から来る愛しい人と一生のちぎりを結ぶのだ。近づいている。もう少し、もう少し待てばあの人がやってくる」

「感動的でしょ！」と言いながらも、恥ずかしがっている自分もいる。

生徒たちは残念なことに信じてくれなかった。というより、あきれられた感じ。今から考えると、「近寄りに」は「蝶に」だったなと心残りもあるけれど、このときの私は、最高傑作ができたと満足感で一杯だったのに。

生徒たちの反応が良くなかったこともあって、この年1回だけでこの歌詞は止めてしまった。多くの場合は、「君が世は　千世に八千世にさざれ　石の岩音鳴りて　苔の結ぶまで」と書いて、「間違いはどれだ？」と問いかけることになる。このでたらめな歌詞をノートに写し始める生徒がいたりするときには、「間違いはどれでしょう」と先に言いながら黒板に書き進めていくことになることもある。

間違いを生徒に言ってもらいながら、書き直していく。「細石」や「巌」は難しく、生徒から出たことはないので、私から正解を出してい

175

くことになる。へぇと感心されることもしばしば。

　それぞれの言葉の意味を説明したあと、戦前の小学校では教科書にも出ていてきちんと習うこと、「天皇陛下がお治めになる御代が千年も八千年も続いて、おさかへになりますように」と教えられていたことを話していく。

　「われら愛す」という新しい国民歌の試みの話をしたこともある。

国旗・国歌法の話も少しだけ

　初めに書いた「憲法クイズ」の中には「『日の丸』は日本国の国旗である」という問いもいれてある。国旗・国歌法の話をして、日の丸には縦横の比率や朱色も規定されていることを説明する。この法律の「別記」には楽譜が書かれていることも説明する。「音程をはずして歌っている人がいるけど、法律に違反していることになるかもね」と「憲法クイズ」の授業で話をすることもある。

第4章　体感が人権を確かなものにする

中学生に「君が代」の意味を聞いてみた

武藤　章

君が代を授業することの難しさ

　公立学校で君が代について語ることはなかなか難しい。国歌を教えるのに難しいも何もあるものかと思われるかもしれないが、良心的な社会科教師にとってはなかなかの難物である。歴史を教えれば、日本の帝国主義時代に果たした役割に言及せざるを得ず、またその意味について語れば、日本国憲法の国民主権との矛盾をどう説明するかに苦しむのである。第一、社会科教員が君が代について真面目に語りだしたら、「じゃ僕たちは卒業式に歌わなくていいんですね」みたいなことになって立ち往生してしまうのだ。ちなみに私は真面目に語るのだが、影響力がさほどないため、上記の質問を受けることはなかった。

　そこで、真面目に扱わずに楽しんでみようと思ったのが、この実践である。単純に生徒に君が代の意味を書かせるのである。国歌・国旗法が実施されている今、学校教育の中で君が代の意味が教えられていないなどということはないはずだ。しかし、教員自身よく知っているように、教えたら覚えているはずだ、というのはたくさんある教育幻想の中のひとつである。だいたい、年にせいぜい2回ぐらいしか歌わない君が代の意味を覚えている方が珍しいことと云えよう。

　というわけで、中学2年生に君が代の意味を聞いてみた。事前のアンケートによれば、意味を知っていると答えたのは67人中5人だけだった。

177

超訳「君が代」

　君が代は古語が使われているだけに基本的な知識がないと解釈は難しい。それは大人だって同じ事であろう。いろいろな解釈が飛び出し、読んでいると楽しい。以下、傑作を紹介する。

　その前にいくつか解説をしておきたい。多くの生徒を悩ませた歌詞の１つは「いわおとなりて」であった。「いわお」という単語を知らないのである。かくして、生徒たちの変換は「岩音」になり（なりてに続けられる！）、「岩男」君や「岩夫」君が登場したりするのである。

　さらに混乱を招くのが「こけのむすまで」で文が切れてしまっているところである。こけがむすまで何をするのかを想像するところに生徒のセンスが問われるのである。

　「君は滝に打たれている石の上に乗り、そのままコケの生えるまで動くな、しんぼう強くなれ」（みさ）
　コケという言葉から滝つぼの情景が浮かんできたのでしょう。そこから「しんぼう」という言葉が出てきたわけです。これはこれで立派な国歌ですね。

　「あなたたちは、昼も夜も石と岩の音が鳴り、コケがむすまで働きましょう」（ゆみこ）
　「働きましょう」で終わるところが、日本の青年が歌うのにふさわしい。

　「あなたは、岩のような意志を持ち続けてほしい」（たかや）
　いしを「意志」に変換するとこうならざるを得ませんね。

第4章　体感が人権を確かなものにする

「君が千代で、あなたが八千代？　さざれている石のお隣の岩がむす」（じゅんた）

　訳しながら、混乱していく生徒の様子が思い浮かびますねー。混乱した訳、続けます。

「君と私は千代さんと八千代さんに刺され、石と岩は大人になって、コケと結ばれるまで」（きりこ）

「君たちは、1人に8人に、さざれ石や岩がおとづれても気にするな」（よしこ）

「君が代は川の近くにある岩音を聞いてなごんでいる人がいる」

（えいしん）

　混乱することなく、直観で意訳する生徒もいる。

「好きなとき好きなことをやり、自分の思ったとおりにやりな、ということだと思う。まあ、自分は自分らしく生きろということだと思う」

（やすし）

　この生徒は国歌をロックかニューミュージックの一種と勘違いしている。

「君は大人になった」（つよし）

「君」と「おとなりて」だけ抽出して訳すとこうなる。「おとなる」は日本語の新しい動詞としていつか承認されるだろうか。

　みなさんも君が代の意味をちゃんと教える前に生徒に訳させてみませんか。楽しいですよ。

179

警察官の職務質問を無視してみた

武藤　章

職質を無視する意味

　「警察官の職務質問を無視する」なんて、真面目に職務を執行しよう
としているおまわりさんにとっては迷惑な話ではある。ではあるのだけ
れども、このことが人権の話や憲法の話につながっていく優れた教材に
なるとなれば、一度は試してみたいと思うのが、社会科教員というもの
であろう。以下は長い弁明である。

　職務質問を無視できるかどうかは、まず端的に「黙秘権」に関わりそ
うだというのはすぐに思いつくことだろうと思う。

　憲法第38条「何人も、自己に不利益な供述を強制されない」

　私たちは人権の授業でこの「黙秘権」について教えるはずだし、テレ
ビの刑事ドラマでも「黙秘します」なんて被告人が言う場面を少なから
ず目にしているはずだ。でも、ホントに「黙秘権」なんて行使できる
の？　なにしろ、普通の教員は取調室に入ったこともないし、そんな経
験する機会がない。そんな教員にとって、この職務質問はちょうどよい
試金石となるのである。

　次に職務質問を無視するということは「任意」という概念に関わって
くる。

　憲法第33条「何人も、現行犯として逮捕される場合を除いて、権限を
有する司法官憲が発し、かつ理由となっている犯罪を明示する令状によ
らなければ、逮捕されない」。

180

第 4 章　体感が人権を確かなものにする

　この厳たる令状主義があるにもかかわらず、冤罪が後を絶たない理由の１つが「任意」というワードだと思うのだ。任意同行を求められて、取調室に行き、その後何時間も家に帰してもらえない、なんてことからやってないことを自白するという構図になっていくのである。職務質問の中で要求されることはすべて「任意」である。ならば、それはすべて拒否できるはずである。拒否できるかできないかが、日本の憲法状況、人権状況を露わにするはずである。

　最後にもう１つ。

警察官職務執行法第 2 条

　1　警察官は、異常な挙動その他周囲の事情から合理的に判断して何らかの犯罪を犯し、若しくは犯そうとしていると疑うに足りる相当な理由のある者又は既に行われた犯罪について、若しくは犯罪が行われようとしていることについて知っていると認められる者を停止させて質問することができる。

　2　省略

　3　前 2 項に規定する者は、刑事訴訟に関する法律の規定によらない限り、身柄を拘束され、又はその意に反して警察署、派出所若しくは駐在所に連行され、若しくは答弁を強要されることはない。

　警察官はこの法律に基づいて職務質問を行っている。公務員はすべて法律に基づいて行動しているのだ。職務質問が無視できるかという問題は上記の第 3 項「答弁を強要されることはない」が機能しているかどうかの証明となるのである。

　どうであろうか、ここまで聞けば、まあ一度ぐらいやってみてもいいかと思うのではなかろうか。

181

相手はプロである

さて、ここまでその意義について納得した以上、実行あるのみである。私は警察官の職務質問を心に準備をして待ったのである。

ところが、である。いくら待っても警察官たちは私に声をかけてくれないのである。私はモテない男、握手に行列のできないアイドル、卒アルにサインを求められない教員、いろんなイメージが押し寄せる。ちなみに「警察神話」なるものによると、「何度も声をかけられるタイプの人間と、一度も声をかけられないタイプの人間がいる」そうである。どうやら私は後者のようなのだ。そもそも、職務質問は「不審者」に対して行われる。私はどう見ても「不審者」には当たらないようなのである（自慢か）。この辺は悔しいけれども警察官はさすがプロ、と思わずにはいられない。やみくもに職務質問をかけているわけではないのだ。

思い立ってから十数年の歳月が過ぎる。そんな中、私は授業で「職務質問は無視できる、できるはずだ、できると思う、できるんじゃないかな？」としか言えない日々を送っていたのである。しかし、ある日突然、その瞬間はやってきた。道元禅師は言う、「その心あながちに切なるもの、とげずと云うことなきなり」。

「捜査令状を見せてください」

その日、退勤後、同僚と遅くまで飲んだ。気づいたら終電の時間をとっくに過ぎていた。同僚はタクシーで帰り、私は酔い覚ましも兼ねて、夜の街を歩き始めた。後ろで自動車の止まる気配。パトカーだった。1人の警察官が降りてきて、私に声をかけた。

警察官「ちょっと、よろしいですか」。

古野まほろ著『職務質問』（新潮社、2021年）によると、不審者と判断する所以は「異常な挙動」と「その他周囲の諸事情」の2つだという。この場合、私はただ歩いていただけなので、真夜中の街という「周囲の

諸事情」で声をかけたものと思われる。何にしろ、私は念願の職務質問に出会ったわけである。

事前の計画通り、無視して歩き続ける。

警察官「あの、バッグの中身を見せてもらえますか？」

この問いかけも頭の中で何度もイメージしている。そのイメージ通りに行動する。私は立ち止まり、振り返って言う。

私「バッグの中を見せろということでしたら、捜査令状を見せてください」そして、再び歩き出す。

警察官「いや、捜査令状ということでなくて、任意ということなんです」。

「任意」という言葉まで出してくれた。事は私の描いていたストーリー通りに流れていくのだった。再び立ち止まり振り返って言う。

私「任意ということなら（ここで間をあけ、見えを切る）、断る」。そして歩き出す。

警察官「いや、バッグの中にカッターや包丁が入っていたらどうするんですか？」。

私「包丁を持っていて、何が悪い」。

包丁なんて持ってはいなかったのだけど、ほんとは持っていたら悪いのだ。銃刀法は例外（15もある）を除いて刃渡り6センチ以上の刀を所持してはいけないことになっている。

警察官はそれ以上、追ってはこなかった。

結論。警察官の職務質問は無視できる。

いくつかの留意事項

前掲『職務質問』によると、警察官は質問を無視されてもあきらめることはない、とのことだった。無視すること自体が「不審者」の不審性を高めるからである。また職務質問は柔道、剣道と並んで、「職質道」

と称され、その技術向上に訓練怠りないとのことである。私の事例は稀有な一例であったかもしれない。私の想像だが、パトカーに同乗していた先輩警察官から「あいつやってみろ」とか言われて練習台にされたのかなと思っている。若い警察官だった。

　授業で紹介する場合は、念入りに事前説明を行う。

　「警察官の捜査に協力するのは市民（国民とは言わない）の義務だからね。私は試しに一度だけやっただけだからね。マネしないようにね」

　マネされて「武藤先生が言ってました」とかやられたら、大変なことになりそうである。

第4章　体感が人権を確かなものにする

逮捕されたらどうなるの？
——江戸時代の刑罰から"人権"を考える

井出教子

江戸時代の法と刑罰

　東京千代田区にある明治大学のキャンパス内に明治大学博物館がある。博物館は地下にあり、展示は「商品部門」、「刑事部門」、「考古部門」の３つに分かれている。伝統工芸品や旧石器時代の土器などおおよそ2000点が常設されているのだが、この中の刑事部門に、江戸時代の町奉行所における逮捕から取り調べ、刑罰の決定までの手順を伝える展示がある。展示はそれぞれの場面を描いた絵図付きで、次のように示されている（①〜⑤の記述に関しては、明治大学博物館の常設展示ガイドブックも参照した）。

①旧江戸伝馬町牢獄内　昼の図

　牢の中に多くの男性たちがひしめき、数人は木の板のようなもので仕置きを受けている。解説には、この時代の牢は身分、性別、罪種により収容先が異なっていたとある。

②旧江戸伝馬町牢獄より町奉行所呼び出しの図

　20名ほどの男女が縄をかけられた状態で並ばされ、役人たちに縄の端を引かれながら街を歩いている。無表情の者、苦悶の表情を浮かべる者など男女の様子はさまざまであるが、女性たちの髪は一様に乱れている。

③取り調べと拷問の図

　笞打ち、石抱責、海老責、釣責といった当時の拷問の様子が示されて

いる。当時は、被疑者が自白し一通りの供述が得られると、奉行所において事件内容をまとめた文書が作成された。しかし自白が得られない場合もある。展示解説には、そのような際に当時の幕府法では拷問が許可されていたが、拷問に頼るのは役人の能力不足と見られたり、拷問をしても自白が得られない場合は幕府の威光が傷つくと考えられたりしたため、そう頻繁に拷問の手段が取られたわけではないとある。

④白洲の図

白洲にござが敷かれ、その上に男女がうつむき手を縄で縛られた状態で正座している。一段高いところに5名の奉行がおり、厳しい表情で男女を見つめている。解説には、この時代三権分立の制度はなく、行政官が裁判を行ったこと、上訴の制度はなく、原則的にすぐに刑の執行が行われたことが記されている。

⑤刑罰の執行

公事方御定書の刑罰は罪の重い順に、磔、獄門、死罪、遠島…などの罰が体系的に科されていたそうである。絵図には磔になる前に市中で顔を晒された囚人の様子、刎ねられた首が刑場の獄門題で晒されている様子などが描かれている。

この展示を見た時、人身の自由の授業で使ってみたら面白いのではないかと思い立った。江戸時代と現在の刑事手続の流れを比較し、どの点が異なっているかを生徒たちに発見してもらうことで、日本国憲法が被疑者・被告人の人権をどのように保障しようとしているか理解しやすくなるのではないかと考えた。

江戸時代と現在の刑事手続を比較してみる

博物館のミュージアムショップでは、①～⑤の絵図がポストカードの形状で販売されていた。そこでこれを購入し、スキャナで読み取った後、

第4章　体感が人権を確かなものにする

　①〜⑤の順番をバラバラにした状態でプリントに掲載した。

　授業では始めにプリントを配布し、「これらの絵には、江戸時代の刑事手続が描かれています。逮捕されてから裁きを受けて刑が科されるまでの順番を考えて、並び替えてみてください。」と問いかけた。作業はまず個人でやってもらい、次に4人くらいの班で1つの答えを出してもらう。幾つかの班に予測した答えを発表してもらい、そのように考えた理由も聞いていく。黒板にはA4に拡大した絵図の

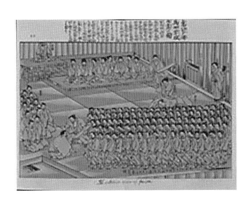

コピーを生徒が予測する順で貼り付けていく。いくつかのクラスで実践したが、多かったのは②→⑤→①→④→③という答えだった。②町奉行に捕縛され、⑤家族と引き離され、①牢屋に入れられ、④裁きを受けて、③刑罰を科される、という順で考えるとこうなる。中には②→①→③→④→⑤という班もあった。遠島という刑罰があったことに思い至ったり、③が拷問であることに気がついたりすると正解に近くなる。ただ、取り調べの前に牢に入れられるという発想はあまり出ないようだった。

　各班の予想について概ね異なる意見が出きったところで正解を発表し、それぞれの絵に描かれた状況について解説を加える。拷問にはいくつかの種類があったが積極的に実施されたものではなかったことや、刑罰の種類について、また、当時は晒や引き回しによって刑罰を一般の人に見

せることが犯罪の抑止や権力の威光を示すことにつながると考えられて
いたことも説明する。

　次に、「江戸時代の刑事手続と現在の刑事手続の違いについて、気が
ついたことを挙げてください。」と問いかける。拷問は禁止されている、
遠島という刑罰はもうない、逮捕されてすぐに牢屋に入れられることは
ない、などさまざまな意見が出る。ここでは、生徒たちがすでに持って
いる知識から気がついたことを述べてもらった。

被疑者・被告人の人権は保障されているか？

　令状主義や当番弁護士制度、拷問の禁止、黙秘権、事故に不利益な唯
一の証拠が自白の場合有罪とされない、など、日本国憲法下の刑事手続
きでは被疑者・被告人の人権が保障されている。授業の最後には、それ
らの内容について憲法の条文と照らし合わせながら確認して、人権保障
が十分でなかった江戸時代との対比を明示し、まとめとした。

　ただ、「昔は人権が保障されていなかったけれど、今は保障されてい
る」という終わり方はできないだろう。死刑制度をめぐっては、憲法第
36条の「残虐な刑罰」に当たるとの批判があるし、警察や検察による密
室での長時間の取り調べが拷問に当たらないのかを疑問視する声もある。
取調室に弁護士を同伴させることができない日本の司法制度は中世と同
じ、という専門家たちの批判も聞くが改善はされていない。また、日本
は1999年に国連の拷問等禁止条約を批准しているが、入管収容施設にお
ける外国人に対する非人道的扱いが報じられるなど、"罪を犯したと疑
われた人"への人権侵害は未だ起こり続けていると考えるのが妥当であ
る。私は、この授業の後で具体的な冤罪事件の事例を取り上げ、被疑
者・被告人の人権保障にはどのような課題があるかについて考えること
にしている。

コラム

隠し剣シリーズ　その4

平和剣　君の名は

　山本舞香という女優さんがいる。CMにも数多く出演していて売れっ子の1人であろう。その彼女とは全く関係がないのだけれど、同じ名前の舞香さんについての話である。

　夫婦に初めての子が授かった。女の子である。夢香と名付けた。ほどなくして2人目。女の子だった。姉と名前を連ねて梅香と名付けた。そして3人目。また女の子。当然、「〜香」と名付けたい。2人でいろいろ考えたが、結論に至らない。最終的に決まった名前が「舞香」だった。

　いい名前じゃない、何か問題が？　と思われるだろう。お分かりの方もいると思うが、この命名の意味は「ま、いっか」である。これは笑い話であるが、自動的に決まってしまう名字とは違い、名前には親の思いがあり、そこに悲喜劇も生じたりするのだ。

　実例を挙げよう。親御さんはたぶんその名の通り、悠々とした人生とかをその名に託したに違いない（と思う）。彼女につけられた名前は「雲子」。学校に入って、彼女がどう呼ばれたかは容易に想像がつく。ちなみに改名のためには家庭裁判所に申し立てをし、裁判官が「正当な理由」があるとした場合に認められる。彼女の場合は改名の「正当な理由」が認められたようだ。世界でたった1つの花になってほしいと名付けられた（のであろうと推測する）「珍子」も「正当な理由」により改名が認められたそうである。

　というわけで、今回は名前にまつわる話。

　私は学生時代、とある有名予備校でバイトをしていた。講師ではなく事務員としてである。そこで窓口業務をしていた女性社員と親しく話すことがあった。きっかけは何だか忘れたが、私が彼女の名前を聞いたのである。

189

「私、終戦の年に生まれたの。この年に生まれた子にはとってもありふれた名前なの」

このように前振りしてから、教えてくれた名前は「和子」だった。私は単純に感動してしまう。当時の日本人が新しく生を受けた子どもに何を託したのかを生で知ることができたからだ。私はこの話を戦争が終わった直後の授業の導入で使う。直前の戦争の授業は東京大空襲、沖縄戦、原爆投下、特攻隊の出撃、これでもかって悲惨さを伝えている。さらに私の授業は天皇の戦争責任に及び、なんか救いようのない事態になる。その直後の授業をどう始めるか、というところでこの女性社員の話を選んだのである。焦土となった街の中で生まれた生命への希望、当時の人たちの想いを生徒に感じてもらいたい。そこから戦後の授業を始めたいのだ。

この話を友人にしたところ、自分の叔父は戦中に生まれたが「勝男」という名前だと教えてくれた。実を言うと女性社員の話は実際とは違っている。「和子」は終戦前から、女子の名前のトップの座を続けていた。理由はわかるだろうか？　そう「昭和」の一字をとったのである。今どき「令和」の一字をとって令子だの和子だのと名付ける親は少ないと思うが、当時のご時世というものだろう。

ニュースによると、政府は戸籍法を改正して読み仮名も戸籍に記載させる方針だという。その際、通称「キラキラネーム」も行き過ぎたものは規制するとの報道があった。冒頭に話した「ま、いっか」とともに生徒に話す、キラキラネームの面白い例を1つ紹介する。

双子の男の子が生まれた。弟の名前は「らまん」（漢字は不詳）。さてお兄さんの名前は何でしょう？

（武藤　章）

第5章

苦手なことは無理しない

あてて答えさせることはしない

森田敏彦

　私は、授業中に個人を指名して答えさせることをほとんどしません。

　何を答えても正解になるような、例えば「テレビの良いところは何？」を列ごとに、それも隣の人と相談できるように１列とびにあてたり、複数の人が間違えるような問いを全員にあてたりすることはあります。あてない授業のようすを紹介してみます。

あてられる恐怖

　なぜあてないのか。私の高校時代の思い出があるから、だと思っています。

　高校時代、先輩たちから「デビル」と代々伝えられている怖い先生がいました。２年に進級すると、私のクラスを担当することになりました。それも、勉強が苦手な私にとってさらに苦手な教科です。ただでさえあてられてもほとんど答えられない私は、ぼーっと立ち尽くすばかり。「答えられない、答えて間違えたら恥ずかしい」意識が過剰な私にとって、あてられて答えさせられることは恐怖そのものでした。

　その恐怖から逃れるためにどう対処するか。

　事前に答えを用意しておくことです。

　どこがあたるかを予想して、隣の友人に聞いて答えを用意します。授業の進行は流動的ですから、たえず質問されそうな問いを修正していきます。なんとか答え、それさえ過ぎれば私にとっての授業は終わりです。

192

第5章　苦手なことは無理しない

緊張して待ちつづけ、終わると放心状態。授業の内容を理解するどころではないのでした。

　そういう生徒は多くはいないでしょう。でも、もしいたら、「あてないから、安心して教室にいていいよ」と心から言いたいのです。

　「なぜ、あてないのですか」と質問されたことも、「あててください」と言われたこともあります。「あてた方が生徒は緊張感を持つから勉強に身が入るよ」とアドバイスを受けたこともあります。でも、できない生徒にとってあてられることの恐ろしさがどれほどのものかを、私は経験しています。

　研究会などで、指名して意見を言わせようとする司会者のかたがいます。この歳になった今でも学習会で順番にあてるような機会があるとドキドキします。そういうことに抵抗がない司会者や参加者を見ていると、私のようなマイナスの感情を持ったことがないか、克服してきた人たちなのだろうなと思うことがあります。

　ある生徒が年度のおわりに「先生のあてない授業が良かったです」と伝えてくれたことがありました。その1人の生徒を守ってあげられたことが、私にはとてもうれしく思いました。

思いついたら勝手に発言。思わぬ効果も

　私の授業では、私が出した問いをわかった人は勝手に答えます。挙手させたりもしません。みんな挙手しているのに挙手できない悲しい気持ちが、勉強不足を棚に上げてではありますが、私の身にしみているからです。

　勝手に答えていい授業だと、1人だけがどんどん答えていくクラスも出てしまいます。そういうときは、場合によってですけれど、その生徒に答えるのを控えてもらって、他の生徒に答える機会を譲ってもらうこともあります。

193

思いついたことを勝手に発言できる授業の雰囲気があると、思わぬときに授業が深まっていくことがあります。公害を学んでいる授業のときです。「しんどう」と黒板にひらがなで書いて、「教科書を見ないで、ノートに漢字で書いて」と指示しました。すると、「振動」と「震動」の２つが出てきました。予想外の発言でした。譲らない生徒もいて、２派に分かれて、大討論会になったことがありました。たんなる漢字の書き取りのつもりで出した問いだったのですが、公害は自然現象ではないという本質に迫るような授業のようにも思えて、生徒の発言を促していました。私は、発言の順番を整理しているだけでした。

　ときに、ほとんど発言しない生徒が、小さな声でつぶやくことがあります。そんなとき、「正解！」といつもより大きめな声で応えることがあります。周りの生徒も「オー」と声を上げることも。その生徒は「聞いてくれた」と喜んでくれているのかなと思います。そんなときの、うれしそうな、それでいて恥ずかしそうな表情がとても素敵です。生徒のつぶやきをいつもとりあげることができたらいいなと、心から思う瞬間です。

全員に答えてもらう授業もあります

　全員にあてて、答えてもらう授業もあります。

　「日本国憲法の中で最も中心（核）となる条文は第何条か」という授業は、全員にあてて答えてもらう授業の１つです。

　問いを出した後、全員にあてることと誰からどのようにあてるかを説明します。条文を全部読むのは大変だから、「前の方か、後ろの方にあります」とヒントを出します。まずは、自分で考えてもらって、その後「相談してもいいよ」と言います。全員が答えることがわかっているので、１人あるいは相談しながら、なんとか探そうとします。

　そして、順番に全員に答えてもらい、出てきた条文の数字を黒板に書

いていきます。出るときには、10くらいの条文が出てきます。同じもの
が出てくれば、正の字を書いて人数も確認していきます。全員が終わっ
た後、黒板に書いてある条文の数字をいくつか消していきます。消すふ
りをして残したり、じらしながら消していきます。一瞬緊張した雰囲気
が生まれ、消したときには「あー」とか「えー」とか声が出たりもしま
す。いくつ残すかはどれだけ出たかにもよりますが、5択にしたり3択
にしたりします。次に「このなかにあります。選んでください」と言っ
て、考えさせ相談させた後、再び全員に答えてもらいます。同じように、
何度かくり返して最後には2択にします。最後の2択は、できれば13条
と97条（または98条）が残るように誘導していくことが多いです。大切
な条文は前に置くか後ろに置くかという、内容とは関係ない選択も可能
になるからです。「どちらかにあります」と言いながら、また全員に答
えてもらいます。最後の2択は、時間の関係もあって、どちらかに挙手
してもらうことになることがほとんどです。

　あるクラスで、13条が出ないときがありました。かなり焦り、どのよ
うに続けていくべきか悩みました。続けるしかないかと思い、「このな
かにはありません」と言ったときの驚いたような雰囲気の教室。「2回
目をします」と言うと、真剣に条文を読み直し、相談を始めた生徒たち。
全員が答えた後に「あります」と言ったとき、「良かったー」と教室全
体が和やかな雰囲気になっていました。最終の2択を挙手で選んだ後に
結果を発表したとき、小さな歓声と笑顔がありました

条文の意味は理解できなくても

　全員に答えてもらうことを繰り返すのには理由があります。

　1つは、他の人も間違えるから間違えても恥ずかしくないと思えるこ
とです。間違えても次に挽回できるチャンスもあります。正解していた
のに次に変えて間違える生徒もいます。「これまで全部消されてる」と

悲しそうに、でも笑顔で最後の２択にかけている生徒の声が印象に残っています。

　２つ目は、繰り返すことで条文を何回も読んで意味をより深く考えることになる（はず）という、授業の意図です。

　正解の発表は、「個人の尊重」と書いた手作りの団扇を見せます。回転させてなかなか読めないようにしながら、最後に止めて見せます。ここまでくると、「個人の尊重」が第13条であることはわかるので、「ヤッター」と喜んだり「私ははじめから選んでいた」と威張ったりする声が聞こえます。

　条文を読んで、選んで、答える。それを数回繰り返す。これだけで１時限かけます。遊んでいるだけのようにも見えます。けれど、これだけ真剣に何回も、すべての条文ではないにしろ、条文を読むことはないだろうなと思います。

　この授業が印象深いと書いてくれた生徒や「その日のうちで、この授業だけは寝ませんでした」と書いてくれた生徒もいました。教員はまったく条文の説明をしないわけだから、条文の意味がきちんと理解できているのかは疑問です。でも、なんとなく条文が言いたいことは分かってくれているような気がしています。

　そしてなにより、何回間違えても恥ずかしくないし、クラスにもよるけれどけっこう生徒たちは楽しそうでもあります。

グループ学習はしない

森田敏彦

　私はグループ学習が苦手です。グループ学習や班学習など言葉の違い
が私にはきちんと理解できていないので、この原稿では、教員がメン
バーを決めてグループをつくって授業をすることをグループ学習と呼ぶ
ことにします。

　半世紀以上前に小学生であった私自身も、グループによる学習の経験
はあります。少人数での学習になると、意見を言わなければならない機
会が格段に増えます。40人いればなんとか発言しないですむ可能性が高
いのですが、少人数のグループでは「どう？」と振られたらもう逃げら
れません。クラスのほとんどが私より成績が良いなかで、間違ったこと
を言ってしまうのではないかという緊張感は、グループになると一段と
高まるわけです。間違ったことを言っても笑われるわけではないことは
わかっていても、そう感じてしまうのです。少人数だから話せると言う
人もいますが、それは言える内容がある生徒の場合であって、できなく
てわからない場合には、そもそも言うことがありません。少人数の良さ
も分からないではありませんが、私は苦手でした。

　座席で司会が決められたりすると最悪です。仕切る力がないので、結
局は他のメンバーがすすめていくことになってしまいます。座席で発表
者が決められたりしても、意見をまとめるなんてことはできないので、
同じです。グループを代表しているので、他のメンバーに迷惑をかける
かもしれないと思ったら、さらに大きなプレッシャーが生まれ、つらく

なります。

コミュニケーションが苦手な生徒にとって

グループ学習では、だいたい、頭のよい子や元気な子がリーダーシップを取って、意見を出し合うことになります。私は指名されたらしかたがないので「まだ考え中です」も含めて何かは言います。発言しないときは「そういう考え方があるんだな」と思いながら、感心しながら聞いています。参加していないわけではなく、他の人の意見を聞いて自分なりに整理しながら、考えてはいるのです。

ある高校教員の友人に、「クラスの中にグループ学習が苦手な生徒がいるはずだ」という話をしたことがあります。その友人が1年生の担任になったときに、入学早々の二者面談でその話をしたら、5〜6人が「授業中、放っておいてほしい」と答えたそうです。小学校や中学校はグループ学習が盛んです。それにはもうこりごりだと思っているかはわかりませんが、苦手だと思っている生徒がいるのです。6グループを作ったとしたら、グループに1人はいるかもしれない計算になります。

私は、人間関係が苦手な生徒たちに、少しばかり寄り添っていきたいと思うようになってきました。グループ学習は他の授業で実施されるのですから、せめて私の授業くらいは安心して教室にいさせてあげたいと思うのです。

深く考えられるためには

ある年の卒業式の日に、その年に教えていた3年生の数人がわざわざ社会科準備室に挨拶に来てくれました。「先生の授業は本当に考えさせられました」と言うのです。

私はグループ学習も調べ学習もしていません。問いかけて考えてはもらうものの、指名して答えさせたりもしない、教員から生徒への一方的

第5章　苦手なことは無理しない

な授業です。

　ただ、問いを出しながら進めていくことは意識していました。中心となるような問いのときには、「ノートに自分の意見を書いて」のあとに、「書き終わったら、周りの人と比べても、席を動いて友だちや話したい人のところに行ってもいいよ」と指示して、長めの時間をとるようにしていただけです。もちろん、座ったまま1人でノートに考えを書いて、周りと相談もしない生徒がいてもかまいません。教室に何人かはいるので、クラスで孤立しているのかなどと気にはなります。そんなときはゆっくり歩いて近づいて様子を見に行きます。

　話を戻します。挨拶に来た生徒たちが言うには、「作られたグループでは遠慮が入るから反対意見は言いにくい。だけど、友人だったら本音で意見が言えるし、反対意見も言える」と。「だから本気で考えさせられた」のだと。

　親しい友人ではない人にも本音で意見が言えるようにすることが授業の役割だと言われたら、たしかにそうかもしれません。でも、それらは他の授業に任せて、私の授業ではやらないでいいかなと思っています。

　グループ学習はさまざまな意見を出し合い、さまざまな考えを知ることができる大きな効果があります。教室じゅうに話し声がおこり、楽しそうでもあり、活発な授業になっているように見受けられます。

　ただし、たんなる言いっぱなしの会話におわるのではなく、理解が深まっていくような対話にしていくためには、教員側の工夫がいるように感じます。私には、それが難しく感じてしまいます。

　1人も取り残さないために、教員はどのような手はずを整えていけばよいのでしょうか。放送大学の講義で聴いたのですが、三宅なほみは、教室内で生徒それぞれの理解が深まるような相互作用を意図的に引き起こすためには型が必要であると考えて、「知識構成型ジグソー法」を考えたようです。

199

グループ学習がまったく効果が無いとは思いません。私も授業内容によっては用いることが無いわけではありません。新聞に何が書いてあるかを探していく授業では、１つの新聞を数人で調べていきます。年度当初に行うと、協力し合いながら探していくことで、教室の雰囲気が和らいでいくことがあります。もちろん、１人でやってみたいと考えている生徒には、それも許しています。

グループづくりも苦手です

　グループ学習が苦手な理由は他にもあります。

　クラスには複雑な人間関係が存在します。衝突したり、排除されたりする危険を避けるために、どのようにグループを作っていけばよいのでしょうか。

　私には、みんなが笑顔でいられるグループを作る自信はありません。

　いろいろな人と意見を交換していく力をつけていくこともを授業で育てることを否定はしません。でも、私の授業では、ゆっくり１人で考えていいよと見守っていきたいと考えてしまうのです。生徒たちに負担を強いることなくグループを作り、学習を深めていく方法は、私には思いつかないのです。

第 5 章　苦手なことは無理しない

主体的な学習はしない

森田敏彦

　大学への推薦入試対策として小論文と面接の練習を担当することがありました。勤務していた学校は、進学を志望する多くの生徒が一般受験ではなかったので面接や小論文が必要で練習をしています。

　小論文の指導をすることになったある生徒が受験する大学では、小論文か面接のどちらかに「主体的に学んだ教科は何か。そこで学んだことは何か」という趣旨の問題が連続して出題していることがわかりました。そこで、その大学を受験する生徒に、まずこの題で小論文を書いてもらうことにしました。

　この高校は、グループ学習や図書館等を利用した学習を積極的に取り入れています。若い教員はあたりまえのように実践していました。グループで調べ、研究した成果を大きな用紙（例えば模造紙）にまとめて発表する「ポスター発表」を取り入れた授業を実施している教員もいました。その影響もあるのでしょう、初任者の教員もネットで面白そうなゲームを見つけてきて、授業に取り入れ、生徒が楽しそうだったとうれしそうに報告をしていました。

　3 年生が発表する社会科の授業を見学させていただきました。じつによく調べていて、説明もしっかりしていました。1 年生から教科・科目で調べて発表するという形ですすめていく授業を多く積み重ねてきた成果が出ていることを感じました。

201

主体的に学んだ教科は……

数日後を締め切りにして、小論文を書いてきてもらいました。
「主体的に学んだ教科は何か」に対する答は「体育」でした。

その生徒に「○○先生の授業は受けてる？」と、体育ではないこの先生の授業について尋ねてみました。ある先生は、この学校でも、調べて発表する授業を積極的に取り組んでいるように私からは見える先生です。授業は受けているとの答えで、「先生の授業はどう？」とさらに尋ねると、その生徒は首をかしげたまま無言でついに答えてもらえませんでした。授業を担当しているわけでもない教員に、他の先生の評価を尋ねられても答えられない質問ではありましたけれど、良い評価の言葉が返ってくると思ったので意外な感じでした。

そのようなアクティブな授業に参加しているにもかかわらず、本人は主体的に学んでいるとは意識していないのはなぜなんだろう。何か生徒なりの判断基準があるはずなのですが、残念なことに聞き逃してしまいました。

その生徒が書いてきた小論文の内容は、体育のテストについての取り組みについてでした。テストではサッカーのリフティング回数などの項目があるけれど、うまくできなくて悔しい思いをしたそうです。だから、ネットで方法やコツを調べ、それでもできないので友人にも見てもらって練習をくり返した。そして、ついにテストに合格することができたという文章でした。

自分の弱点・課題を見つけ、調べ、友人と協働で学び、成果を出していく。まさしく、私がイメージする「主体的な学習」そのものを実践した報告でした。

でも、読んだときの正直な気持ちは、違和感が強く残りました。というより、何か残念な気がしたのです。

小論文を書いてきた生徒は、法学部を受験しようとしていました。と

第5章　苦手なことは無理しない

すれば、社会科に興味があるのではないのかな。とすると、社会科の授業で「主体的に学んだ」と感じなかったことが残念に思いました。

さらに思ったことがあります。

テストがあって合格しそうにないとすれば、どの教科でも、自分で調べたり、友人に教えを請うことは、あたりまえのように行うことです。社会科だと「どうせわからないから」と取り組まないこともあるかもしれません。でも、合格するために何かをすることを、とりたてて主体的に学習したと言えるようなことなのだろうかとも思うのです。

「主体的な学習」が始まるとき――授業後も楽しい

私にとって、授業の楽しみは３つあると思っています。

授業を作るとき、授業を行っているとき、そして授業終了後の生徒の反応の３つです。授業をつくるために教材を用意し、生徒の顔を思い浮かべ、１時限の授業を作っていく。授業を行っているときは、想定外の反応や生徒の笑顔がうれしく思います。残念なことにうまくいかないことが多いのですが、だからこそ、うまくいったと感じられるときのうれしさはひときわ大きく感じます。

私にとっての死刑制度の授業は、楽しみが３つとも揃った授業の１つです。

私の授業では、終了後の反応はほとんど見られません。けれども、この授業は「その後」がときどきある授業の１つです。とくに廃止派に考えが変わった生徒は、家に帰って家族の人たちと話をすることもあるようです。一生懸命に説得を試みても、死刑廃止を家族には理解してもらえない。そのことを本当に、悔しそうに私に報告してくれる生徒がいます。ある生徒は「うちの親は頭が固い」とか。

主体的な学習は、じつはこの「家族に理解させられなかった」ことから始まるのだと思っています。なぜ言い負かされてしまったのか。本人

203

にとっては、重大にして切実な課題です。説得するために調べ、家族に
リベンジする。実際にはそこまではいきませんが、その悔しい気持ちが、
これからの勉強に活かされるといいな、と私は願うのです。

　そもそも、授業は、その多くの場合に、教員が問いを出し、生徒がそ
れについて調べたり考えたり発表したりする形です。これは主体的なの
かと素朴に疑問を感じます。自分で課題を見つけられるような授業をす
る。授業に参加して触発され、生徒が自分で動き出すことが主体的の意
味だと考えるからです。そのための栄養やエネルギーを生徒たちへ提供
できる授業でありたいと切に願うのですが、そうはなっていません。

　ニュースで、学校教育は変わりつつあることを示す実践例が報告され
ていました。「与えられた知識を得るだけではなく、さらに…」とコメ
ントされていました。「与えられた知識が無ければその次が始まらな
い」とも受け取れます。だとしたら、与えられた知識が無い生徒はどう
すればいいのでしょうか。

　生徒たちを動かしていればなんとかなるものなのでしょうか。

　私には、自分で課題を見つけ出させるようなテーマを問う力も、生徒
の持っている学ぶ力を引き出すような力も持っていないので、なかなか
難しいです。

第5章　苦手なことは無理しない

発表学習はしない

森田敏彦

　今、文章を書いていますが、校内の文書やメールを除いて、文章を公開するのは本当に久しぶりです。授業を報告することは何年も行っていません。なぜ報告しなかったのかというと、文章が下手だからです。伝えたいことはあるのですが、言葉にして伝えられないのです。面白かった授業の様子を誰かに伝えたいと心から思うのですが、こんなに生徒たちは笑顔だったんだ、その笑顔を伝えることができないもどかしさがあります。

　生徒が定期考査の答案用紙に「リラックスした楽しい空間をつくりあげてくださった」とか「クラスのアットホームさが大好きだった」とか書いてくれています。そのまったりとした雰囲気が、私の授業を特徴づけているのかなとも思うのです。けれども、そこにいなければわからないその空気感というか、雰囲気を私は伝えることができません。授業の報告をすることを止めてしまった理由の1つが、伝えられないことの諦めでした。

　ましてや、人の前で話をするなんてとんでもないことです。緊張してしどろもどろになり、同じ内容を繰り返してしまい、話はまとまらないしとなって終わってしまいます。簡単にいうと、脇道には逸れるし、だらだら長くなる感じです。

　文章が下手なことにくわえて、用紙にまとめる作業も私は不得意なことの1つです。生徒には「○○新聞」を作らせたことがあるのに、です。

205

話がずれますが、私が高校時代に「森田の字は読むんじゃなくて、解読だな」と先生に明るく言われたことがあります。他人には私の字はすんなりとは読めないらしいのです。教員になりたての頃のプリントは手書きでしたから、読みやすい字を書く先生にコツを教えてもらって練習をしました。その先生は新聞の活字を真似たと言っていたので、活字を意識した字を書くようにしていました。5ミリ方眼のなかに「龍」や「響」の字を書き込めたときはうれしかったです。教員になってからは読めるようになったと思います。

　用紙にまとめる話でした。字が下手だと、いい加減に書いたと間違われてしまいます。高い評価を得るためには、イラストが上手に描けること、一目見たときの構成がよいなどの見たときの印象もかなり重要です。イラストも字も下手なうえに写真や地図も不揃いな作品は、いくら調べてきた内容が良くても、「これはいい」という評価を出しにくいのが正直なところです。どうみても力不足な作品は、じつは、作った本人がいちばん力不足を理解しているし、つらいんじゃないかと自分がそうだったから強く感じてしまいます。

発表する授業を試してみて

　友人が実践していた「海外旅行ツアーを企画して、パンフレットを作る」という地理の授業を真似て実施したことがあります。その授業は、各人が国や地域を選んで調べ、行程やみどころなどもいれて1枚の用紙にまとめて発表するものです。友人が楽しく授業を語る姿を見聞きして、その成果である発表課題を見せてもらって、一度は実践してみたいと思っていた授業でした。

　印刷をして配るときには色はつかないけれど、幸いにも教室にプロジェクターが設置されるようになったので、PCにつなげてカラーの写真を投影しながらの発表ができるようになりました。発表前までにオン

ラインで指定したフォルダーに生徒が写真を投稿するルールにして、当日は発表しながら投影して見せるという段取りでした。

夏休み前に授業の内容を伝え、夏休みに下調べをして、発表は2学期後半に行うことにしました。提出された課題を見て、あきらかに白紙のような作品もありましたが、想像以上にすばらしい課題がいくつもあり驚きました。

しかし、ある生徒に、「前の日に1時間くらいでちょこっとやっただけの人がけっこういたよ」と言われてしまいました。私にはとても大変な課題でも、今の生徒たちはなんなくこなしてしまうことに驚きました。反面、その程度で完成してしまう課題内容だったのかと、考えさせられもしました。

教員の立場からすると、ふだんの授業では目立たないけれど、こういうことが得意な生徒を「発見」できる醍醐味があります。

生徒にとっては、良い作品を作って成績が高くなっても、クラスのなかで高い評価が得られるわけでもありません。発表しているときの様子を見ていると、クラスのなかで高い評価を受けるのは、明るく発表できる元気の良い生徒たちが多いような気がしています。

発表しようと思う気持ちを持たせられない

この程度ならそこそこの評価がとれるだろう、ですませてしまう気持ちにさせてしまった私の問題も大きかったように思えます。

良い作品を作ろうと思ったら1時間ではできないはずです。でも、生徒たちは、そうしてしまう。よりよい作品を作ろうとする意欲を持たせられなかった私の側の配慮が不足していたことが最大の要因だったとも思います。

そして、困ったことが起きました。課題を出さない生徒が出たのです。

ある生徒に理由を尋ねたら、退学するつもりだから単位はいらないの

で、出すことはないとのことでした。心が完全に離れているそういう生徒に、提出してもらう気持ちにさせる言葉を私は持てず、結局は未提出のままでした。

さらに、皆の前で発表をすることを断る生徒が出ました。発表は絶対に嫌だというのです。説得を続けたのですが、年を越して3学期になっても提出してもらえませんでした。

「成績を下げざるを得ないんだけど」と言うと「それでいいです」と。

なんとか、調べたことをまとめて提出することには同意をしてくれて、発表はできませんでしたが、授業としては、なんとか終わりました。

みんなの前で発表をしたくないと思っている生徒に「大丈夫だから」と教員が言ってみても、何の力にもなりません。生徒が頑張りたい、やってみたいと思わせるような言葉を私は持っていないのです。

どれもこれも、私の力量不足が招いた結果です。動機づけ、事前の準備、提出締め切りまでの対応など、この段階になるまでに何かできたはずでした。

どうしても嫌だと思う生徒に、無理矢理にやらせる必要はあるのかとも思います。脅しのような形でやらせてしまい、後味が悪く残りました。

第5章　苦手なことは無理しない

プリント学習はしない

森田敏彦

これまで、先生方が作ったプリントをたくさん見せていただきました。歴史漫画や自作のイラスト利用して、考えさせるようなプリントもありました。見た瞬間に楽しそうな感じが伝わってきます。授業の内容が整理され、追加の資料もあり、そこに空欄を埋めていけばそれだけで教科書の内容がきれいにまとめられているプリントもありました。内容がわかりやすくまとめられ、取り組みやすい工夫もされていて、心から感心してしまいます。残念ながら、私にはそのようなプリントを作る力量はなく、作ることはできません。

プリントというより資料

もちろん、プリントを作らないわけではありません。

私が作るプリントは、プリントというよりは、「資料」ともいうべきものになっています。新聞記事や書籍などの文章から選んで載せていきます。文章を読んで内容をまとめて自分なりに考えていくような文章資料がほとんどです。私なりに選んで、どうしても読んで欲しい資料を載せたプリントになります。読むことでなにかを感じて欲しいと意図して配ります。作っているときは、問いかけを工夫してみたり、生徒の反応を考えたりととても楽しいのです。が、生徒にとっては、文章を読むことはハードルが高く、取り組みにくく、難しいものになってしまっていることにもなります。

209

第二次世界大戦で日本がアジアで行ってきたことを学ぶ授業のときのことです。アジア各地での日本軍の行為を短い文章にして、プリントにしたことがあります。記録用紙に、どのようなことをしたのか、感じたことを書くようにと指示を出しました。この時間は生徒がひたすら読むという授業です。ある生徒が手を上げて私を呼びました。「先生、○○（何であったか忘れました）は漢字でどう書くのですか」との質問でした。「漢字で書かなくてもいいよ」と答えたら、生徒は「ここは漢字で書きたいのです」というような趣旨の言葉でした。「読んだ今、感じている私の気持ちは漢字で書かなければ表現できない」という生徒の気持ちを生んだのは、この資料が持つ力でした。何回も書けば漢字を覚えるかもしれない。でも、それは漢字を覚えたことになるのか。学ぶということはこういうことなんだと教えてもらった気がしました。

　全員に資料を最後まで読んでもらいたいと思っているので、読む時間を長めにとることを心がけています。そのため、プリントは1時限の授業に1枚をこなすのが精一杯です。

　このような文章資料を読ませていく授業の進め方の欠点は、生徒によって早さや理解度が大きく異なるという点です。早く読めてしまう生徒は暇そうにしてしまっています。そういう生徒は、まとめも考えもすらすらと書き終えてしまうので、余計につまらなそうにしています。私は、どうしようかと迷ってしまうのですけれど、読み終えていない生徒がいるので、ただ時間が過ぎるのを待つばかりになってしまいます。

　ほとんどの生徒が読んだかなと思うときに、次の作業を指示することになります。とはいえ、まだ読み終えていない生徒はいて、読んでいる途中に先に進んでしまうことになります。読み終えていない生徒は、私の話を無視して読み続けるか、読むのを止めてしまうかで、どちらにしても置き去りにしてしまうことになります。この見極めが難しく、解決できない悩みの種です。

210

第5章　苦手なことは無理しない

授業は、黒板にこだわる

　私の授業は、黒板に書きながら説明するのが基本の進め方です。

　他の人ならプリントにしてしまうような内容も、黒板に書いていきます。ある先生から「プリントがなくてもそこまで進められるんだ」と言われたことがあります。「書くことが多い」と生徒から苦情が出ることもあります。生徒の様子を観ながら、板書をする量や早さを調節していきます。

　生徒たちは、黒板に書いてあることをみて、ノートに書いていきます。「それ書くんですか？」と尋ねられたりします。「自分で判断してください」と言いたいところですが、定期考査の点数が低い生徒たちを救済する手段として、ノートを書いていれば平常点を与える場合があるので「書いた方が良いです」と言ってしまいます。ノート提出は、絶句してしまうすさまじいノートを発見する意味もあり、ノートの使い方をアドバイスする機会にもなります。

　黒板は、できるだけ文章にして書きます。私が教育実習生のときに指導教官に「単語ではなく文章で」と指導されたこともありますが、生徒たちが「文章を書く」ことで、たんに単語を覚えるだけではない効果を期待しています。

　かなり前になりますが、「森田さんの授業は訓練だね」と言われたことがあります。黒板を写すこともその訓練の一環にもなるのかもしれません。

　板書は消さずに一面だけの量だけ、とほとんどの場合は決めています。黒板のどこに何を書くかを決めておきます。授業が終わったとき、1時限の授業内容が黒板に残っています。授業の内容や生徒の意見が、授業の過程や思考の過程を示すことができる効果を狙っている。かっこよく言えばそうなります。

　一面にこだわる利点が2つあります。まずは1時限で学ぶ授業の量を

211

決める目安になります。書ききれなければ、多すぎるかもしれないと判断できます。2つめは、授業の途中で黒板を見ると、おおよその経過時間も判断できるようになります。急がなきゃとか、ゆっくりすすめようとの調節ができます。

じつは、あまりにきれいに黒板を使えたので、終わったときの黒板を写真に撮影したことがあります。生徒は、なんで写真に撮っているのか不思議そうでしたが、私は1人で感激していました。

穴埋めプリントを作らない

文章に空欄があり、そこに入れる言葉や文章を埋めていくプリントを穴埋めプリントと呼ぶことにします。教科書に書いてある用語などを、空欄に記入していく穴埋めプリントを私はよほどのことがない限り作りません。

穴埋めプリントを使っている授業を見せてもらうことがありました。教科書を見ながらどんどんとすすんでいきます。教員は答えを黒板に書いていきます。黒板には単語が並んで、正しい用語を確認することができます。プリントに言葉が埋まっていくので、生徒にとっては、達成感があるようにも思えます。

ただ、教科書を読めば空欄に埋めることができるので、教員の話を聞いていない生徒もいました。自分でどんどん空欄を埋めて終えてしまい、、他のことをしている生徒もいました。定期考査が近づくと、生徒から、「テストはどこが出るんですか」「どこを覚えたら良いかわからない」と言われることがあります。穴埋めプリントを作らないので、試験対策ができないらしいです。社会に出たら、穴埋めプリントは作ってくれないんだよとは、言いませんが。

私の死刑制度の授業に「殺人罪はどこからか」という問いがあります。「殺意を持って事前に準備をして殺した」と殺人罪としか考えられない

例から、「傷つけるつもりが殺した」「傷つけるつもりもなかったのに殺した」「ビルの屋上で自殺しようとしてためらっている人がいるので背中を押して殺した」など、さまざまな事例を黒板に書いていきます。事例ごとに生徒は読みながら、写しながら考えていきます。「次はどんな事例なのか？」を考えるような、そんな空気がただよったりもします。初めからプリントに書いてあれば、前後を比べながら考えることになります。私は１つずつ考えていくことで、自分の考えが揺れていることも大切なことだと思います。それぞれの問いで揺れていた考えを、全部の問いが出てから改めて比べて考えみると、自分の考えをさらに深めていけるような気がします。

　もちろん、全部の問いを書いておくようなプリントを作って、授業で利用することがあります。資料を読む補助とするためなどには、授業の進め方を考えながら穴埋めプリントを作成していくことがあります。

「作業ですから」

　勉強が苦手な生徒が多い学校での経験です。

　穴埋めプリントを、教科書を参考にしながら一生懸命に空欄を埋めている生徒がいました。教えていない生徒だったのですが、感心してしまい、思わず「一生懸命に勉強して偉いね」と声をかけました。

　その生徒は一言、「勉強ではありません、作業です」ときっぱりと空欄を埋めながら答えてくれました。

　私の授業も、もしかすると、生徒にとってはただの「作業」にしかなっていないかもしれない。とても重い言葉でした。

213

とりあえず、クイズにしてみる

森田敏彦

　外国の名前をあまりにも知らないので、国名に慣れるつもりで、「漢字国名クイズ」を、地理以外の授業でも行うことがある。

　「そういう国もあるんだ」と感じてもらえればとの願いから作ったものだ。授業の方法は、国名や都市名を50ほど漢字で書いてあるプリントを配るだけ。「どこの国でしょうか、国名を書いてください」とそれだけの指示で始める。できれば首都名も書いてくださいとも付け加えておくが、これはやってもらえない。

　問いの例としては、亜細亜や欧羅巴、阿富汗斯担などの国名を答える形になっている。都市名も伯林や倫敦など G7を中心にいくつか出題しておく。

　クイズはまず、誰にも相談しないで、自分1人で行う。ここで、できないで困った顔をする生徒が多くいた方が、その後の授業がとてもよい反応になったりする。というのも、少し時間を取った後、「では、相談しながらやってみてください」と言うと、一斉に教室内が動き始めるからだ。私は、ときに、ヒントを言ったりしながら、教室をぐるぐると回るだけ。小さい声で「これで合ってますか」と声をかけてくれる生徒がいて、「正解！」と言うと、とても喜ぶし、周りが「どれ？」と声をかけたりするので、本人は誇らしげでもある。少しずつ漢字の読み方に慣れてくるので、答えが埋まっていく。「西という漢字はサ行だよね」とアドバイスすると、西班牙、仏蘭西、瑞西に気づいたり、「爾」が「る」

214

第5章　苦手なことは無理しない

と教えると亜爾然丁と伯剌西爾に気づく生徒が出てくる。そこから「西」は「ジ」と読めると、墨西哥につながることもある。同じ漢字でも異なる読みをすることがわかることになる。当て字だからなんとか読もうと試みる。例えば瑞典や丁抹は近づくことができるが、諾威は難しい、というかまず無理だが。

　国名が地域ごとに分けてあるので、その地域を集中的に見ていくなど工夫をする姿が見え始める。東欧や北欧というヒントを出してあげることもある。地理の授業のように地図帳を使っている授業では、地図帳は絶大な威力を発揮することになる。

　まとめて正解を言ってもらうことも、少しずつ答を言っていくことも、教室の雰囲気でいろいろできる。正解をどのように提示するかも、クイズ授業の醍醐味ではある。ときに、シーンとなり、正解を言った後に大きなどよめきが起きたりもするからだ。

超難問「出来事クイズ」

　ほとんど正解が得られないクイズに、「出来事クイズ」がある。

　長期の休みが明けたばかりで、まだ授業という雰囲気ではないと生徒も私も思うので、休み明けにはクイズ形式の授業にする。夏休み明けには「夏休みの出来事クイズ」を、冬休み明けには「（前年の）10大ニュース」という具合だ。

　私が勤務していた学校は、その多くが就職であったり、進学も推薦であったりする。「最近のニュースはなんですか」という定番の面接の質問対策のためにも、夏休みの出来事を内容とする授業は実施しておいた方がよいと思って作り始めたものだ。

　夏休み中に、出来事をメモしておいて多めに作り、最後に10問程度に絞っていく。1学期の授業の復習であったり、2学期に予定している授業の予習のつもりで出題したり、授業では取り上げられそうにないこと

215

はここで説明してしまおうとの考えで出題する問いもある。毎年出題する定番は「1945年8月6日に広島に、8月9日に長崎に米軍による原爆が投下された」と「1945年8月15日ポルダム宣言を受諾したことをラジオ放送で国民に知らせた」の2つだ。。毎年同じような文章となるが、空欄にする語は変える。例えば、「1945年8月6日に（　　　）に、8月9日に（　　）に（　　）軍による原爆が投下された」となる。ニュースを見るか見ないか以前の「常識」だと思うのだが、完璧に正解する生徒は少ない。広島や長崎の地名を覚えているかどうかは重要ではないかもしれないが、知らないことは大きな問題があると思えてしかたがない。

　「10大ニュース」は共同通信が配信している国内編と国際編を、文章を短くして使わせてもらう。自分で選ぶ必要がないので、少し楽をした感じだ。ただ、私の考えるニュースが入らないこともある。「琉球新報」や「沖縄タイムス」には沖縄の10大ニュースが掲載され、サイトで確認できる。地方紙には地方ごとの10大ニュースが掲載されているところがある。

　秋は、進学や就職での面接指導が本格化する時期となるので、生徒と面接の練習をすることがある。面接で「最近のニュース」が質問される対策としたいけれど、何を言えばよいのかわからない生徒がいる。「夏休みの出来事を授業でクイズにしたでしょ。そこからでもかまわないよ」とアドバイスしてみたことがある。「そうでした」と授業のことを思い出してくれる生徒はこれまでに皆無だった。「出来事クイズ」は、出来事を覚えてもらえているということより以前に、そういう授業を実施したことさえ生徒から完全に忘れられていたことになる。時間をかけているんですけれど。

　まことに残念。でも、授業の時には、少しは楽しそうにしていたから、まぁいいか。

第5章　苦手なことは無理しない

資料を読み解くために

　新聞記事や書籍などの文章を資料にしたときに、読み解く補助の役割として、クイズ形式を取り入れている。

　ある北欧の社会保障制度の違いが書いてある「自治と民主主義」というデンマークで見聞した短いエッセーを読んだとき、私自身が日本との違いの大きさに驚いて、どうしても読んでもらおうと考えた。まずクイズで問い、答えを考えてもらった後にその文章を読んでもらうことにした。答えは文章中にあるので、探しながら読んでくれる。問いは、例えば、「『無料』であるものを次の中からすべてあげなさい。福祉、医療、教科書代、給食費、修学旅行費」といった感じのもの。「すべて」該当することがわかり、生徒たちは驚いている。私も驚いたわけで、そのことも伝えて、なんとなくいい雰囲気。

　違う授業のときのこと。問いを出して考えてもらった後に「答えはこの中にあります」と言いながらプリントを配った。そのとき、ある生徒が「うまい！」と叫んだ。問いを出して、答えを探すために文章を読んでもらう方法は、この生徒の声がうれしくて、このとき以来、頻繁に用いる方法となった。

　この授業方法の意図は、文章の読解を助けるためだ。なかなか文章を読まない生徒が、なんとか最後まで読んでくれないかなと思って、どれも「はい」か「いいえ」で簡単に、というより、「勘」で答えられる問いをいくつか設定しておくこともある。答えを自分で探して、「へぇー」と驚いたり感心したりしてくれればいいのだがと、考えながら作るときも少なくない。

定期考査にも「クイズ」を出題

　もう1つ、定期考査の問題表紙にもクイズやなぞなぞを出題する。

　考査問題が配られた後、開始のチャイムが鳴るまでの間のなんとも言

217

えない沈黙が長く感じられる。この時間が、私にはつらい時間だった。どうすればこのつらさを解決できるかを考えた末、問題用紙の表紙にクイズ・なぞなぞを出題することにしたのだ。考査が始まるまでの時間や早く終わってしまって時間があるときに、そのクイズ・なぞなぞを解いていれば時間つぶしになると思って試みた。

　生徒たちは、試験が始まるまでは、覚えてきたことを忘れまいとして問題用紙の表紙に書かれているクイズ・なぞなぞを解く余裕はないようだ。が、早く終わったとき、終了までの時間つぶしにはなるかもしれないと期待している。

　考査の点数にはまったく関係ないけれども、答案用紙に答えを書いてくる生徒がいる。正解した生徒には、○をつけて返す。答案返却のときに、なぞなぞなんだからと答えを伝えなかったら、「クイズの答えも教えてください」と言われたり、「次も出ますか」という生徒もいたりして、私が思う以上に気にしている生徒がいることを知ることができた。

　ときには、考査の監督をしていた先生から、考査後に答案用紙を受け取るときに、「答えは○○ですか」や「答えを教えてください」と声をかけられたこともあった。監督の先生が時間をつぶすことにも役立っていたようだ。

　クイズは、はずれても楽しいしあたるとものすごくうれしくて楽しくなる。教室の雰囲気作りに一役買ってくれているばかりではなく、授業の内容を理解するうえでも重要な方法の１つとなっている、と思いたい。

コラム

隠し剣シリーズ　その5

法則剣　ゴキブリ

　今回は学校現場で使える法則をいくつか紹介したい。授業や生徒指導
で困ったときに覚えておくと便利である。特に解決しようがない問題に
突き当たった時にとりあえず納得できる。そういうことならしょうがな
いかと自分を説得するのにちょうどいいのを紹介する。

ゴキブリの法則

　ホメてあげると必ず「そう言ってくれるのは先生だけです」と謙遜す
る生徒がいる。生徒に限らず、同僚をホメた時に同じ対応をされること
も多いだろう。そんな時に返すのが「ゴキブリの法則」である。「ゴキ
ブリを１匹見つけたら20匹いる」（30とも100ともいわれる）ってやつで
ある。これを先の例に当てはめると、「面と向かって褒めてくれる人が
１人いたら、陰で褒めている人が20匹いるってことだよ」。20人と言わ
ず20匹と言うところが「ゴキブリの法則」らしくていい。この法則は生
徒を叱った時に「そんなことを言うのは先生だけです」と言われた時に
も使えるのだけれど、その使い方はお薦めしない。

二八の法則

　別名「パレートの法則」とも言う。ちなみに私は「にっぱち」と読ん
でいる。２割が８割を制しているという考え方。例をたくさん挙げると
納得してもらえると思う。

　①　授業中の発言の８割は２割の生徒によるものである。

　②　学校で起きる問題行動の８割は２割の生徒が起こすものである。

　③　学校内での仕事の８割は２割の先生が頑張ってやっている。

　いかがであろうか。

　①を知っていれば、なんか私の授業で発言する奴って決まってるんだ
よな、という悩みを和らげてくれるだろう。

②を知っているとうちの学校もほとんどはいい子ばかりなんだと納得できる。

③については、自分が役立ってないなと感じる時にあの人とあの人が頑張っているからそれでいいんだと思えるし、なぜ自分ばかりがと思う時にもしょうがないかと納得できる。いろいろと応用できるので探してみよう。

マーフィーの法則

初任校から数えて4校までいわゆる「荒れた学校」に勤務していた。それが私の「楽しい授業」を生む源でもあったのだけれども、問題行動への指導の大変さは並大抵ではなかった。そんな日々を救ってくれていたのがこの「マーフィーの法則」なのだ。当時の私の学校勤務はまさにこの法則に支配されていた。そして、それを確認することで気が楽になったのである（ような気がした）。

・あまりに最悪なので、それ以上悪くなりようがない、という事態は存在しない。
・さあ、にっこりしろよ、明日よりは今日がまし。
・悪くなりようもない事態も悪化する。順調に見える時は、何かを見落としている。
・バカでも間違えないようにはできても、大バカでも間違えないようにはできない。
・2つの出来事が予想される場合、望ましくない方が生ずる。

どうしようもない事態に立ち至ると、この法則を頭によみがえらせる。そして、全ては法則にしたがって動いていると考え、自分を不幸などと思うことなく仕事を進めることができるのだった。それで問題が解決できるのかって？

・すべての解決は新たな問題を生む。

（武藤　章）

あとがき

　『楽しくなくちゃ授業じゃない』を手に取っていただき、ありがとうございます。だいぶ挑戦的なタイトルのこの本の編集に携わっておきながら、私自身は「毎回楽しい授業をしているか？」と問われると、自信を持ってイエスと言い切れないのが正直なところです。この本を手に取ってくださった多くの先生方も、同じような思いを持っている方が多いのではないかと推察します。そんな先生方の授業づくりのヒントになれば、と考えながら、この本を編集してきました。

　この本では、バラエティに富んだ楽しい授業が紹介されています。先生のユーモアに生徒が思わず笑ってしまう授業、あっと驚くような展開に生徒が興味津々になる授業、議論の分かれるテーマについて真剣に議論しあう授業、などなど。それぞれの実践を読むと、授業者が何を"楽しい"と感じ、それをどのように教材に昇華させ、生徒に伝えていったかがわかります。自分自身が楽しいと思ったことを授業に活かす"技"を、ぜひ盗んで使ってみてください。

　一方で、楽しい授業にはあらかじめ決められた型なんてない、というのもこの本が読者の皆さんに伝えたかったメッセージです。この本に掲載された授業実践は多様性に富んでいて、何かしらの統一された形式があるわけではありません。授業をする先生の個性も多様なら、目の前の生徒たちもその学校、その時々によってさまざま。であれば、"楽しい"授業をするためには、自分の"楽しい"を追求しながら、そして目の前の生徒に向き合いながら、自分自身で授業を組み立てていくしかない。ある意味厳しい現実ではあるけれど、裏を返せば授業はこんなに自由で良い、ということでもあります。

　型にはまらず、自由に、楽しく。そんな授業づくりを成功させるためには、授業内容に対する深い理解が必要であることも、この本の実践が

教えてくれる事実です。この本の編集を終えた今、教師が学ぶことの楽しさを実感することが、生徒に学ぶ楽しさを教える原動力になるのだということを、改めて感じています。

2024年11月9日　井出教子

執筆者一覧（掲載順）

各項に執筆者名を明記した。＊印は本書の編集委員である。

＊武藤　章（むとう・あきら）
　元公立中学校教諭

＊森田敏彦（もりた・としひこ）
　元埼玉県立高等学校教諭

＊菅澤康雄（すがさわ・やすお）
　千葉県立市川工業高等学校教諭

日達　綾（ひたち・あや）
　神奈川県立生田東高等学校教諭

武田真人（たけだ・まさと）
　東京私立中学校・高等学校講師

篠原朋子（しのはら・ともこ）
　正則高等学校教諭

＊井出教子（いで・のりこ）
　同志社中学校・高等学校教諭

関口竜一（せきぐち・りゅういち）
　埼玉県立新座柳瀬高等学校教諭

瀬戸口信一（せとぐち・しんいち）
　元公立中学校教諭

別木萌果（べっき・もえか）
　東京都立小川高等学校教諭

扶川　聡（ふかわ・さとし）
　江戸川区立松江第四中学校教諭

大井はるえ（おおい・はるえ）
　埼玉大学非常勤講師

杉浦真理（すぎうら・しんり）
　立命館宇治中学校・高等学校教諭

楽しくなくちゃ授業じゃない
――中高社会科のおもしろ教材

2024 年 12 月 20 日　　初版第 1 刷発行

編著者	武藤　章・森田敏彦・菅澤康雄・井出教子
発行者	川上　隆
発行所	株式会社同時代社
	〒 101-0065　東京都千代田区西神田 2-7-6
	電話 03(3261)3149　FAX 03(3261)3237
組　版	精文堂印刷株式会社
印　刷	精文堂印刷株式会社

ISBN 978-4-88683-977-0